KB190897

말씀의 온기

말씀의 온기

읽고 쓰며 말씀의 온기를 느끼다

추천사 1

코로나19란 팬데믹으로 모두가 움추러들 때 목사님은 기지개를 펴고 왜 사는지를 깨우치는 사색과 생각을 문자로 표현하는 용기를 보여주었습니다. 사색을 하고 그 생각을 문자화하여 다시 삶으로 엮어내는 일은 참으로 의미 있는 일이라 생각하기에 조기웅 목사님의 저서에 깊은 찬사와 박수를 보냅니다.

목회라는 현장에서는 누구나 경험하는 일이지만, 광야를 지날 당시 조기웅 목사님은 오아시스와 같은 조력자였습니다. 특별히 성경적인 교회론을 가슴에 담은 자로서 교회가 어떤 곳인지 알았기에 교회 사랑 역시 남달랐습니다. 그래서 목사님과 함께 신앙생활을 하는 교인들은 행복하리라 생각합니다.

99개의 글은 신앙하는 사람들이 한 번쯤은 경험하는 일상의 주제를 담고 있습니다. 그 일상들에 찾아와 만나시고 말씀하시는 하나님의 음성에 대한 대답들은 조기웅 목사님의 깊이 있는 영성을 느끼게 합니다. 특히 교인들을 푸른 초장으로 인도하시려는 목회자의 아름다운 사명을 보게 합니다.

긴 설명이 있어야 설득력이 있다고 하지만 짧지만 머물고 잠기는 글이 있습니다. 본서는 읽을수록 머물러 잠기고 싶은 충동을 갖게 하며, 특히 독자가 참여하여 완성되는 여백이 있어서 나그네 길에 아름다운 동반자와 같습니다. 늘 곁에 두고 묵상하면 어두운 마음을 밝힐 수 있으며, 실족하는 영혼의 안내자가 되어 주리라 확신합니다.

모쪼록 『말씀의 온기』가 신실한 그리스도인이 되려는 사람들에게 신앙하는 감격함을 선물하는 묵상집이 되기를 기대합니다.

독자들이 글을 읽으며 그리운 예수님과 행복한 소풍길을 누리기를 소망합니다.

희망샘교회 담임목사 **류 시 욱**

추천사 2

목사가 목회하며 글을 쓰기란 대단히 어렵습니다. 목사의 생활 반경이 워낙 방대하면서 다양하고, 목회 사안들이 간단하지 않아 안정된 정서를 갖추기가 쉽지 않기 때문입니다.

조기웅 목사님은 목회, 그 어려운 여건에서 영성, 지성, 덕성, 윤리, 교양, 인간관계, 삶의 의미와 방법까지 성숙한 믿음과 신앙을 기반으로 하여 다양한 주제를 설정하고 『말씀의 온기』를 집필했습니다.

글을 쓰다 보면 적절한 단어, 구사하고자 하는 대중적인 용어와 문장이 표현되지 않아 어려움을 겪을 때가 많습니다. 그런데 저자는 탁월한 언어와 고급스런 용어로 독자들이 폭넓게 사색할 수 있는 주제를 간단하면서도 깊게 다루었습니다.

저자는 신앙적 중심을 먼저 세워 두고 삶의 현장에 최대한 가까이 다가서서 글을 풀어갑니다. 부정, 긍정, 절제, 인내를 통해 예수 그리스도의 길로 유도합니다. 지성과 덕성과 영성을 넘나들면서, 십자가 앞에 다가서도록 합니다. 그 자리에 안정과 평안과 행복이 있습니다.

필자는 저자를 가까이에서 지켜보았습니다. 목회영성, 경건, 정직, 온유, 겸손, 학문 열정, 친화적 대인관계, 모범적 가정, 근엄한 성직자 위상을 가진 분입니다. 글에 걸맞게 경건한 삶의 실천을 보여 주었습니다.

『말씀의 온기』는 경건한 신앙생활, 안정된 정서, 삶의 가치와 기준을 잘 정리한 삶의 지혜서입니다. 인간 사회 저변과 주변의 다양한 상황에서 살아가는 독자들에게 적절한 지혜를 제시합니다. 특별히 하루 한 문장 읽고 쓰기를 통해 자신의 삶을 반추하게 되고, 직접 쓴 문장을 실천하고자 하는 의지를 강하게 체험하게 됩니다. 이 책을 통해 독자들이 읽고 쓰는 즐거움을 만끽하길 소망합니다.

잠실제일교회 원로목사 **유 한 귀**

추천사 3

　이 시대를 살아가는 젊은 목사들에게 목회란 무엇입니까? 그
것은 아픔이며 절망입니다. 우리가 처한 시대적인 상황은 우리로
하여금 안일하게 피안에 머물게 하지 않습니다. 이상과 현실의
괴리, 신학과 목회의 터무니 없는 어긋남, 시대 상황과 복음의 간
극 등의 문제 속에서 목회자는 갈등하고 고뇌합니다.

　저자의 짧은 단상은 이러한 고뇌에서 나오는 추출물입니다.
젊은 목회자로서 그는 목회의 현장, 오늘의 상황 속에서 교회의
위상, 시대가 겪고 있는 변혁, 역사적인 명제, 그리고 매 순간 부
딪히는 삶의 편린으로 인해 고민하며 아파하며 때로는 분노를,
때로는 절망을 경험합니다.

　그러나 그는 거기에 머무르지 않습니다. 그는 치열한 묵상을
통하여 깊은 영적인 세계로 들어갑니다. 거기서 그는 성서를 만
나고 하나님을 만납니다. 역사와 교회, 그리고 인간에 대한 영적

인 통찰력을 얻습니다. 인간에 대한 따스함과 아픔에 대한 소중함을 깨닫고 나아가야 할 길을 발견하게 됩니다.

이곳에 있는 99개의 단상들은 이렇게 해서 얻은 주옥같은 결정물입니다. 그는 이것이 정답이라고 하지 않습니다. 이렇게 살고 있다고, 살았다고 감히 말하지도 않습니다.

그는 겸허하게 이제 이 길을 따라 여행을 떠난다고 말합니다. 우리는 그의 길을 주시해야 할 필요가 있습니다. 아픔을 통과하며 인생의 길을 걸을 때, 때로는 멈칫거리고 때로는 주저 앉고 때로는 비틀거릴 것입니다. 하나님은 우리의 이러한 모습까지 사랑하십니다.

조기웅 목사님과 함께 교회를 섬겼던 시간의 아름다움을 회상하며 그리고 오늘의 성숙함을 보면서 이 책을 감히 추천합니다.

은광교회 원로목사 **이 동 준**

들어가는 말

"주의 말씀은 내 발에 등이요 내 길에 빛이니이다"

- 시편 119편 105절

말씀에는 온기가 있습니다.
세상은 차갑고 인생은 한겨울일 때가 많습니다.
주님의 말씀에는 따뜻함이 고여 있습니다.
말씀을 읽는 자에게 하늘은 따뜻함으로 선물을 전합니다.

길을 잃어버리지 않기 위해 치열하게 글을 읽었습니다.
마음이 차가워지고 삶이 식지 않기 위해 글을 묵상했습니다.
조바심을 내려놓고 말씀의 안내를 따라 산책하였습니다.
말씀에는 밝은 빛이 있습니다.
말씀은 인생의 길을 잃어버리지 않도록 환하게 비춰줍니다.
주님의 말씀은 상한 마음에 치유의 빛을 발합니다.
홀로 가는 길에 말씀의 글들이 빛을 비춰줍니다.

어두운 밤, 자신과 싸우지 마십시오.
말씀의 빛을 따라 가면 어느새 또 다른 길에 도착한 나를 발견
합니다.

사랑하는 이들을 생각하며 묵상의 글을 기록하였습니다.
새벽에 주시는 하나님의 마음을 글에 담았습니다.
말씀을 묵상하고 글을 쓰는 이의 마음이 이 책을 통해 흘러가
면 좋겠습니다.
하나님의 마음이 읽는 이의 마음에 고이길 소망합니다.

아직 가야 할 길이 많이 남아 있습니다.

이 책을 출판하도록 격려해 주시고 추천의 글을 써 주신 유한
귀 목사님, 이동준 목사님, 류시육 목사님의 따뜻한 사랑에 감사
를 드립니다. 또한 사역의 아픔과 기쁨을 함께 나누며 새벽마다
부족한 사람을 위해 기도하는 아내와 나의 기쁨이요, 감사인 평
화교회 성도님들께 감사를 드립니다. 끝으로 책이 나오기까지 함
께 고민하고 도와주신 김수홍 목사님과 도서출판 하영인 직원들
에게 감사의 뜻을 전합니다.

조 기 웅

목차

○ 1장 잠시 멈추는 것이 지혜다

○ 2장 신앙은 달리는 인생에 고요함을 준다

○ 4장 하나님 편으로 넘어져라

- **하루 한 문장 읽기**는 각 글의 핵심적인 메시지를 요약한 문장입니다. 하루 한 문장을 읽고 되새기며 말씀의 온기를 느껴보세요.
- **하루 한 문장 쓰기**는 주어진 주제에 대해 자유롭게 글을 쓰는 공간입니다. 나의 생각을 정리해서 적어보세요. 말씀이 이뤄지는 기적이 일어납니다.

잠시 멈추는 것이 지혜다

○

01
생명의 잔

조금 나아가사 얼굴을 땅에 대시고 엎드려 기도하여 이르시되 내 아버지여 만일 할 만하시거든 이 잔을 내게서 지나가게 하옵소서 그러나 나의 원대로 마시옵고 아버지의 원대로 하옵소서 하시고

- 마태복음 26:39

반드시 마셔야 하는 잔이 있습니다. 누구도 대신 마실 수 없는 잔입니다. 그리스도인이기에, 사역자이기에 이 잔을 피할 수 없습니다.

이 잔은 생명의 잔입니다. 내가 죽고 남이 사는 잔입니다. 지금은 쓴잔이지만 내일은 평화의 잔이 됩니다. 이 잔 안에 무언가를 채울 수 있는 분은 오직 하나님뿐입니다. 나를 부르셔서 거룩한 잔을 주십니다.

이 잔은 하늘의 잔입니다. 땅에 속한 것이 아닙니다. 하늘의 뜻이 땅에 이뤄지는 희생의 잔입니다.

이 잔에는 땀과 눈물과 피가 있습니다. 인생의 진심이 담겨 있고 사명이 숨어 있습니다. 영혼을 울리는 희망의 잔입니다.

이 잔은 십자가의 잔입니다. 제자들이 대신 마시는 잔이 아닙니다. 예수가 마셨듯이 내가 마시는 잔입니다.

이 잔을 위해 밤을 세워 기도해야 합니다. 고민없이 마시지 못하는 잔입니다. 얼굴을 땅에 대고 마시는 잔입니다.

이 잔은 마음의 어려움이 있기 때문에 마시는 잔이 아니라, 영생을 얻기 위해 마시는 잔입니다.

이 잔은 한 번 마시는 것으로 끝나지 않습니다. 생명을 얻기 위해 날마다 마셔야 합니다. 나를 위한 잔이 아닙니다.

이 잔을 지나갈 수 없습니다. 지나가서도 안 됩니다. 어쩔 수 없이 마셔도 안되고, 어떻게 해서든 마셔야 합니다.

이 잔이 나를 살립니다. 이 쓴잔이 나를 인도합니다. 이 잔이 하나님과 나를 잇습니다. 이 잔이 생명의 잔입니다.

이 잔을 마실 때마다 주님께 한 걸음 다가갑니다. 이 잔을 마실 때마다 작은 이의 벗이 됩니다. 이 잔을 마실 때마다 생명이 살아납니다.

이 쓴잔을 마시는 거룩한 백성들이 있습니다. 아버지의 소원을 함께 이뤄가는 제자들이 있습니다. 이 잔은 또 다른 잔을 통해 계속 이어갑니다.

어떤 잔을 가지고 있습니까? 무엇이 담겨 있습니까? 이 쓴 잔을 마시고 있습니까?

생명의 잔이 겟세마네에 있습니다. 결코 지나갈 수 없는 잔이 있습니다. 이 잔을 마심으로 생명의 다리가 되십시오.

○ **하루 한 문장 읽기**

생명의 잔이 겟세마네에 있습니다.

○ **하루 한 문장 쓰기**

주제: 생명의 잔

○

02
시련에 담긴 최고의 복

이는 너희 믿음의 시련이 인내를 만들어 내는 줄 너희가 앎
이라

- 야고보서 1:3

하나님은 믿음을 시험하십니다. 우리 안에 무엇이 있는지 알
고 싶어 하십니다. 시련을 통해 내면을 비로소 볼 수 있습니다.
하나님은 복을 주시기 전에 시련을 허락하십니다. 마음이 흔
들릴 때 어떻게 반응하는지를 보십니다. 참고 견디는 것은 믿음
에 속한 것입니다. 하나님은 시련 가운데 인내하는 동안 역사하
십니다. 하나님의 섭리는 기다리는 동안 이뤄집니다. 인생을 서
두를 이유가 없습니다.

하나님은 사람을 만지십니다. 시련을 통해 인생을 만들어 가십니다. 하나님이 주시는 최고의 선물은 믿음입니다. 하나님은 우리 안에 믿음을 심으시고 믿음을 키우십니다. 오직 믿음으로만 하나님께 갈 수 있습니다. 믿음으로 그분을 닮아갑니다.

하나님은 우리가 하나님의 마음을 알기를 간절히 원하십니다. 시련 가운데 우리를 안아주시는 그분의 아픈 마음을 깨닫기 원하십니다. 하나님은 시련을 당하는 인생을 믿음으로 이겨내기를 바라십니다. 고난 중에 있는 믿음을 붙잡고 계십니다. 시련이란 눈으로 인생을 직시하기를 바라십니다. 감당할 수 없기에 시련입니다. 버티지 못하기 때문에 고난입니다. 내면의 혼란 속에서도 반드시 놓치지 말아야 하는 것은 믿음입니다.

믿음은 사람에게 보이는 것이 아니라 하나님께 보이는 것입니다. 사람을 위해 쓰는 것이 아니라 하나님을 위해 사용하는 것입니다. 피나는 노력 뒤에는 언제나 믿음이 있어야 합니다. 인생이라는 무대 위에 올라가기 위해서 치열한 믿음의 시간이 필요합니다.

날마다 믿음을 점검해야 합니다. 믿음이 없이는 하루도 살지 못함을 고백해야 합니다. 하나님께 믿음을 달라고 기도해야 합니다.

인생의 은행에 믿음을 저축해야 합니다. 시련이란 문제 앞에서 담대할 수 있는 믿음을 담고 있어야 합니다. 어느 누구도 나의 믿음을 대신할 수 없습니다. 스스로 인내하며 사는 것입니다.

남의 모습에 감탄만 하면서 사시렵니까? 하나님께 쓰임받으며 사시겠습니까? 오직 믿음이 결정합니다. 인생의 승패는 믿음에 달려있습니다.

○ 하루 한 문장 읽기

하나님은 복을 주시기 전에 시련을 허락하십니다.

○ 하루 한 문장 쓰기

주제: 시련

○

03
눈을 뜨고 맞아라

좋은 땅에 있다는 것은 착하고 좋은 마음으로 말씀을 듣고
지키어 인내로 결실하는 자니라

- 누가복음 8:15

권투 선수는 상대의 주먹을 보지 않고 눈을 봅니다. 주먹이
날아오는 것을 눈을 통해 알 수 있습니다.

하나님은 인생의 외모를 보지 않고 마음을 보십니다. 인생
이 무엇을 하는지 마음을 통해 알기 때문입니다.

착하고 좋은 마음을 위해 기도해야 합니다. 마음이 좋아야
형식에 묶이지 않습니다. 환경을 탓하지 않습니다.

세상을 이기는 힘은 착한 마음에 있습니다. 문제를 푸는 열쇠

는 항상 마음입니다. 어떤 마음으로 반응하는가에 따라 결과는 달라집니다.

준비없이 도전하는 것은 무모함이지만, 좋은 마음으로 시도하는 것은 모험입니다. 가시 같은 인생길을 힘으로 헤쳐 나갈 게 아니라 착한 마음으로 달래며 가야 합니다.

경건이란 착한 마음을 훈련하는 것입니다. 순수하지만 어리석음을 피하는 마음입니다. 순결하지만 지혜를 담는 마음이 착한 마음입니다. 착한 마음에 하나님의 말씀이 익습니다. 성령의 열매들이 열립니다. 인내함으로 결실을 맺습니다.

악한 마음이 이기는 세상입니다. 아니, 이기는 것처럼 보입니다. 속으면 안 됩니다. 짧게 이기는 것보다 영원히 이기는 것을 사모해야 합니다. 나의 눈은 항상 마음에 있어야 합니다. 마음을 보는 눈이 흐려지면 안 됩니다. 날마다 마음을 점검하고 마음의 밭을 가꿔야 합니다.

착한 마음을 얻는 것은 쉽지 않습니다. 착한 마음은 기경하는 수고를 통해 만들어집니다. 마음을 깊이 파내야 합니다. 고난이 주는 유익은 마음의 도랑이 깊어지는 데 있습니다.

말씀이 말씀이 되는 이유는 착한 마음에 있습니다. 듣고 지키는 순종의 마음에 있습니다. 결코 포기하지 않고 인내하는 마음에 있습니다.

끝은 또 다른 시작입니다. 착한 마음으로 준비하는 자에게 희망은 찾아옵니다. 아름다운 결실이 있습니다.

○ 하루 한 문장 읽기

착한 마음은 기경하는 수고를 통해 만들어집니다.

○ 하루 한 문장 쓰기

주제: 착한 마음

04
세상에서 가장 어려운 말

이르되 자비를 베푼 자니이다 예수께서 이르시되 가서
너도 이와 같이 하라 하시니라

- 누가복음 10:37

    깊은 깨우침은 이성을 위한 것만은 아닙니다. 뭔가를 발견하는 건 심사숙고의 결과이지만 아는 데 그치면 깨달은 것은 없습니다. 깨닫기 위해서는 머리를 쓰지 말고 몸을 써야 합니다. 지혜는 가슴에 있습니다. 머리와 가슴을 연결하는 것이 깨달음입니다.

    생각을 몸으로 옮기는 일은 쉽지 않습니다. 자신의 몸을 이기는 사람이 거의 없기 때문입니다. 몸을 이기려면 움직여야 합니다. 가만히 내버려두면 몸의 노예가 됩니다. 잠깐의 쾌락이 영혼을 병들게 합니다.

높은 수준의 믿음은 암기력에 있지 않습니다. 작은 하나의 앎에 자신의 몸을 맡기는 것입니다. 믿음은 입에 있는 것이 아닙니다. 머리와 몸이 함께 가야 합니다. 삶이 따라올 수 있도록 앎이 기다려야 합니다. 학문이란 책상이 아니라 삶의 자리에서 만들어집니다.

몸이 아파야 합니다. 도전과 응전 사이에 깨달음이 있습니다. 시도와 실패 사이에 앎이 있습니다. 하루에 한 걸음씩 움직이는 것입니다.

세상에서 가장 어려운 말이 이것입니다. 너도 이와 같이 하라. 주님의 준엄한 말씀입니다. 알고 있는 것을 칭찬하지 않으시고 아는 것을 하라고 하십니다.

나는 무엇을 알고 있는가? 왜 나는 깨닫기를 소망하는가? 나에게 믿음이란 무엇인가? 정답만을 맞추기 위해 수고하고 있지는 아닌지 자문해야 합니다.

인생은 퀴즈가 아닙니다. 모르는 것을 맞추는 것보다 아는 것을 실천하는 것이 중요합니다. 다 알 수 없습니다. 다 알 필요도 없습니다.

아는 것을 자랑하는 어리석은 사람이 되지 말아야 합니다.

알고 있는 것을 실천하는 지혜로운 사람이 되어야 합니다.

진리를 아는 힘은 살아가는 데 있습니다. 인생의 경륜이 엄숙한 것은 채득된 지혜 때문입니다. 살아내는 것, 삶에 대한 의지가 진리입니다. 사마리아인의 비유를 얼마나 알고 있습니까? 주님께서 의도하시는 바는 무엇입니까? 자세히 몰라도 됩니다. '이와 같이 하는' 삶을 살아야 합니다.

조금씩, 하나씩 해봅시다. 온몸으로 살아야 합니다. 알고 있는 나의 지식이 내 삶이 되도록 합시다.

○ **하루 한 문장 읽기**

알고 있는 것을 실천하는 지혜로운 사람이 되어야 합니다.

○ **하루 한 문장 쓰기**

주제: 실천

○

05
담대함, 다시 담대함

〰〰〰〰〰〰〰〰〰〰

이것을 너희에게 이르는 것은 너희로 내 안에서 평안을 누
리게 하려 함이라 세상에서는 너희가 환난을 당하나 담대
하라 내가 세상을 이기었노라

- 요한복음 16:33

〰〰〰〰〰〰〰〰〰〰

인생은 세상을 이기지 못합니다. 세상은 거대합니다. 촘촘
히 짜여진 조직입니다. 이기기는커녕 살아남기도 힘듭니다.

세상에 도전하는 사람은 아름답습니다. 때론 무모한 도전이
필요합니다. 달리고 달려들어서 기어이 자신의 삶을 사는 것입
니다. 세상이 인생을 속입니다. 꼼짝없이 당하고 사는 것이 인
생입니다. 그럼에도 불퇴전의 마음으로 세상과 씨름해야 합니
다. 인생은 세상에서 살기 때문입니다.

인생은 사람을 이기지 못합니다. 사람처럼 믿기 힘들고 사랑하기 힘든 존재도 없습니다. 부대끼며 사는 것이 사람 사이입니다. 사람을 이기려고 하면 안 됩니다. 인간은 서로가 서로에게 필요한 존재입니다. 사람과 멀어지면 사람이 그립고 사람과 가까워지면 불편한 것이 인간사입니다. 사람은 사람에게 상처를 줍니다. 지울 수 없는 아픔을 주기도 합니다. 그럼에도 여전히 사람이 희망입니다. 사람으로 인해 사람이 살아갑니다.

인생은 고난을 이기지 못합니다. 고난을 피하고 싶어 하고 고난 때문에 한 걸음도 전진하지 못한다고 착각합니다. 고난은 인생의 스승입니다. 고난을 통해 삶을 배우고 나를 알아갑니다. 고난은 이기는 것이 아니라 함께 가는 것입니다. 아침에 일어나면 고난이 나를 반깁니다. 고난은 희망의 친구입니다. 고난을 달게 받는 연습을 해야 합니다. 고난 없이는 인내가 없고 인내를 통해 달콤한 열매를 맺습니다.

예수는 제자들에게 선포합니다. 내가 세상을 이겼다. 이기고 있는 것이 아닙니다. 이미 이긴 것입니다. 예수의 이름은 승리의 이름입니다. 환난 중에도 담대해야 하는 이유는 사람에게 있지 않습니다. 담대함은 예수 안에 있습니다. 예수에게로 들어가는 사람에게 담대함이 있습니다.

인생은 두렵습니다. 어둠 속에서 두려움에 떨고 있는 것이

잠시 멈추는 것이 지혜다

사람입니다. 두려움을 이기는 사람은 아무도 없습니다. 두려움을 이기는 유일한 방법은 예수밖에 없습니다. 십자가의 죽음이 두려움을 이깁니다. 세상에서 담대함으로 살아가기 위해 십자가를 붙잡아야 합니다. 이제 남은 것은 예수 안에서 담대함으로 승리를 성취하는 것입니다. 이기지 못하면 아무것도 아닙니다.

최후 승리를 위해 담대해야 합니다. 쫄지 말아야 합니다. 비겁해지지 말아야 합니다. 타협하지 말아야 합니다. 피투성이가 되어도 살아남아야 합니다. 나는 져도 예수는 이깁니다. 나는 무력하여도 예수는 강합니다. 나는 나로 사는 것이 아니라 예수로 인해 삽니다. 내 안에 예수가 삽니다!

○ 하루 한 문장 읽기

최후 승리를 위해 담대해야 합니다.

○ 하루 한 문장 쓰기

주제: 담대함

○

06
충성의 신호등을 점검하라

~~~~~~~~~~~~~~~~~~~~~~~~~

그리고 맡은 자들에게 구할 것은 충성이니라

- 고린도전서 4:2

~~~~~~~~~~~~~~~~~~~~~~~~~

충성은 시간과 연결되어 있습니다. 충성해야 할 때가 있습니다. 시간을 놓치면 충성할 수 없습니다. 충성하는 자는 시간 관리자입니다. 주어진 시간에 충성해야 합니다.

충성은 장소와 연결되어 있습니다. 충성해야 할 장소가 있습니다. 엉뚱한 장소에서 충성할 수 없습니다. 충성하는 자는 장소 파악자입니다. 맡겨진 장소에서 충성해야 합니다.

충성은 사명과 연결되어 있습니다. 충성을 쏟을 사명이 있어야 합니다. 헛된 사명에 충성을 낭비하지 않아야 하고 사명을 완수하기 전까지 충성은 멈추지 않아야 합니다.

충성은 순종과 연결되어 있습니다. 무조건 충성하는 것이 아닙니다. 주인의 마음을 시원케 하는 것이 충성입니다. 내 뜻대로 움직이는 것이 아니라 주인의 방식대로 순종하는 것이 충성입니다.

충성은 사람과 연결되어 있습니다. 누구를 위해 충성하는지가 중요합니다. 사람을 살리고 죽이는 것이 충성입니다. 충성하는 사람을 통해 주인의 꿈이 이뤄집니다.

충성은 공동체와 연결되어 있습니다. 일을 만들기만 하는 사람이 있고 일을 마무리하는 사람이 있습니다. 개인의 이익을 추구하는 사람이 있고 공동체의 유익을 추구하는 사람이 있습니다. 무엇을 맡았는지 살펴야 합니다. 맡은 것이 무엇인지 모르고 충성할 수 없습니다.

충성의 시간을 위해 잠시 멈출 수 있어야 합니다. 속도만큼 중요한 것이 제동력입니다. 충성의 신호등을 날마다 점검해야 합니다. 충성의 장소를 위해 분별력을 키워야 합니다. 장소만큼 중요한 것이 선택입니다. 충성의 등대를 날마다 체크해야 합니다.

충성의 사명을 위해 끈기를 키워야 합니다. 실패의 자리에서 버티고 견디는 힘을 키워야 합니다. 충성의 꿈은 반드시 이뤄집니다. 충성하기 위해 내려놓음을 배워야 합니다. 가장 어려운 관문입니다. 내 생각을 비우고 주인의 마음으로 채워야 합니다. 충성은 순종을 끝까지 가게 하는 힘입니다.

충성의 사람을 만나야 합니다. 사람을 미워하면 충성할 수 없습니다. 충성하는 사람은 사람을 사랑하는 신뢰를 익혀야 합니다. 신뢰의 깊이만큼 충성하게 됩니다.

충성할 수 있는 시간, 장소, 사명, 순종, 사람이 있는 사람이 이 세상에서 가장 아름다운 사람입니다. 충성이 인생의 행복입니다.

○ 하루 한 문장 읽기

충성할 수 있는 시간, 장소, 사명, 순종, 사람이 있는 사람이

이 세상에서 가장 아름다운 사람입니다.

○ 하루 한 문장 쓰기

주제: 충성

잠시 멈추는 것이 지혜다

○

07
때론 아무것도 하지 않는 것이
모든 것을 하는 것이다

수고하고 무거운 짐 진 자들아 다 내게로 오라 내가 너희를
쉬게 하리라

- 마태복음 11:28

때론 아무것도 하지 않는 것이 모든 것을 하는 것입니다. 가만
히 있는 것을 견뎌야 하고 느린 것을 참아야 합니다. 빨리 간다
고 변하는 것은 별로 없습니다. 내면의 정화가 필요합니다. 심
호흡을 하면서 내가 서 있는 위치를 파악해야 합니다. 내 삶의
좌표를 점검하는 시간이 필요합니다.

하나님께서 일하는 시간을 방해하면 안 됩니다. 인생이 멈출
때, 잠시 기다리고 있는 동안에 그분이 역사하십니다. 내가 다 하

려고 하는 것은 오만입니다. 계속 움직이면 편견에 휩싸이게 됩니다. 내가 모든 것을 할 수 있다는 착각에 빠집니다. 인생은 절대 모든 것을 할 수 없습니다. 나와 함께하는 사람들이 눈에 들어와야 합니다.

서두르지 말아야 합니다. 조급하면 큰일입니다. 인생은 길고도 질깁니다. 조석으로 마음이 복잡해도 중심을 잡아야 합니다. 우리에게 진짜 시간이 필요합니다.

아무것도 하지 않는다는 말은 말 그대로 아무것도 하지 않는 것입니다. 내 마음에 불순물이 침잠했다 떠오를 때까지 계속 머무는 것입니다. 칼을 칼집에 넣고서 사용할 수는 없는 노릇입니다. 잠시 인터넷을 끄고, 신문을 덮고, 텔레비전을 멀리합시다. 마음의 눈을 감으면 세상이 단순해집니다. 가끔은 나를 위한 시간에 투자해야 합니다.

브람스 교향곡 1번이 좋은지, 아님 4번이 더 아름다운지 진지하게 생각할 여유가 필요합니다. 생각의 사치가 그리 나쁜 것은 아닙니다. 나를 풍요롭게 하는 것이 무엇인지 알아야 합니다.

매우 급하게 달린다고 누군가 인정해주지 않습니다. 스스로에게 자랑이 되는 것도 한계가 있습니다. 탈진하고 우울감이 찾아오는 것은 전적으로 내 탓입니다.

가끔 글을 쓰기 위한 글을 쓰고 있다는 자괴감이 들 때가 있

잠시 멈추는 것이 지혜다

습니다. 영혼 없는 글들을 남발하면서 마음이 아플 때가 있습니다. 멈춰야 할 때가 온 것인지도 모릅니다. 영혼의 안식이 얼마나 소중한지 배웁니다. 뭘 좀 했다고 나대면 안 됩니다. 알아봐 달라고 몸부림치는 것도 추합니다. 머리는 식히고 가슴은 달궈야 합니다.

아무것도 하지 않는 것은 무능이 아닙니다. 잠시 쉬어가는 인생이 멀리갑니다. 나를 사랑한다면 나의 영혼이 쉴 수 있도록 고요히 있어야 합니다. 가장 빠른 것은 가만히 있는 것임을 알 때까지.

○ **하루 한 문장 읽기**

인생이 멈출 때, 잠시 기다리고 있는 동안에

그분이 역사하십니다.

○ **하루 한 문장 쓰기**

주제: 쉼

○

08
내가 가지고 있는 것을 사랑하는가?

너에게 남편 다섯이 있었고 지금 있는 자도 네 남편이 아니니 네 말이 참되도다

- 요한복음 4:18

얼마를 가지고 있는지보다 무엇을 가지고 있는지가 더 중요합니다. 많이 가지는 것보다 나에게 맞는 것을 가지고 있어야 합니다.

내가 가지고 있는 것들을 사랑하는가? 지나간 것에 미련이 남아 지금 가지고 있는 것을 소홀히 하면 안 됩니다. 더 좋은 것은 현재를 감사하는 사람에게 옵니다. 지난 세월을 붙잡고 살기에는 시간이 너무 사랑스럽습니다.

추억과 미련은 다릅니다. 추억은 현재를 살아갈 힘을 줍니다. 추억은 아픔을 이겨낼 수 있는 지혜를 줍니다. 추억은 미래에 대한 희망을 품게 합니다. 미련은 그 정반대입니다.

사마리아 여인에겐 남편들이 있었습니다. 남자를 사랑하는 여인은 남자들로 인해 고통을 당합니다. 괴로울 줄 알면서도 남자에게서 벗어나지 못합니다.

인생도 마찬가지입니다. 뻔히 알면서도 놓지 못하는 것들이 있습니다. 가까이 할수록 나에게 고통을 주는 것이 있습니다. 그럼에도 벗어나지 못하고 멈추지 못합니다. 인생은 금방 죽지 않습니다. 질긴 시간을 붙잡고 있습니다. 그렇기 때문에 죽을 것 같은 굴레에 매여 있으면 안 됩니다. 치열하게 싸워서 굴레를 벗어야 합니다.

사역의 주체는 하나님입니다. 사역의 기준은 예수입니다. 이것을 알면서도 놓지 못합니다. 나의 열심과 헌신이 사역을 움직인다고 생각합니다. 나의 사역에도 남편들이 너무 많습니다. 예수는 사마라아 여인에게 남자들을 상기시킵니다. 남자들을 통해 구원 받고자 했던 과거의 부질없음을 보게 합니다. 그리고 다시는 돌아가지 못하도록 용기를 불어넣어 주십니다.

내 인생의 남편들은 무엇일까요? 아직도 함께 동거하는 남자는 누구일까요? 예배는 남편을 바꾸는 것입니다. 예배는 내가 무엇을 붙잡고 있는지 확인시켜 줍니다. 예배는 내 남자를 예수에게 내려놓게 합니다. 예수가 내 남편이 되게 합니다.

예배는 결코 교회에 갇혀 있으면 안 됩니다. 예배의 영광, 예배의 능력, 예배의 회복이 내 삶과 만나야 합니다. 예배와 사귀고 예배와 함께 살아야 합니다.

예배 없는 삶은 백만 년을 살아도 산 것이 아닙니다. 예배 없는 사랑, 소망, 믿음은 신기루입니다. 예배 없는 헌신, 봉사, 섬김은 모두 나의 만족을 위할 뿐입니다. 예배 없이는 예수를 만날 수 없습니다.

○ 하루 한 문장 읽기

예배는 내가 무엇을 붙잡고 있는지 확인시켜 줍니다.

○ 하루 한 문장 쓰기

주제: 내가 붙잡고 있는 것

○

09
노력하지 않는
사람은 아무도 없다

악귀가 대답하여 이르되 내가 예수도 알고 바울도 알거니
와 너희는 누구냐 하며

- 사도행전 19:15

알아주는 것만큼 좋은 것은 없습니다. 열심히 일하는 이유
는 인정받기 위함입니다. 성취의 동기는 자리가 아니라 이름입
니다. 최선을 다했다는 말로 위로 받으면 안 됩니다. 물론 최선
을 다해야 합니다. 그러나 최선에는 내용과 결과가 일치해야 합
니다.

노력하지 않는 사람은 아무도 없습니다. 열심은 삶의 에너
지입니다. 바른 열심과 열심의 지향이 일정할 때 열매가 풍성합

니다. 따라하는 수고는 어느 선에서 멈춰야 합니다. 겉모양만 같을 뿐 능력도 결과도 없습니다. 바울인 척 살지 말라는 이야기입니다. 사도 바울의 능력은 내 것이 아닙니다. 인생에서 중요한 일은 나를 찾는 것입니다. 내가 누구인가? 나는 어떤 삶을 살고 싶은가? 날마다 점검해야 합니다.

예수가 제자들에게 주신 최고의 선물은 예수의 부재입니다. 평생 주님만 따라다닐 수 없는 노릇입니다. 주님의 모습만 흉내 내며 사는 것은 제자가 아닙니다.

주님의 십자가가 아니라 내 십자가를 찾아야 합니다. 제자의 길은 제자가 가야 합니다. 주님이 항상 나와 동행하는 것은 결코 은혜가 아닙니다. 인생의 길에서 주님의 부재는 저주가 아닙니다. 나를 제대로 알 수 있는 은혜이며, 간절히 주님을 찾을 수 있는 통로이며 나의 사역을 할 수 있는 절호의 기회입니다.

주님은 인생의 토대입니다. 그러나 주님만 붙잡고 있으면 큰일입니다. 스게와의 아들들처럼 됩니다. 주님도 모르면서 바울도 알지 못하면서 이 일을 행하다가 낭패를 당합니다. 알지 못하면서 따라다니면 안 됩니다. 알지 못하면서 흉내만 내고 다니면 안 됩니다. 주님과 철저하게 만나야 합니다. 깊은 영적인 교제가 있어야 합니다. 주님과 하나 되는 신비를 경험해야 합니다. 그리고 주님을 떠나야 합니다. 주님의 부재를 경험해야 합

잠시 멈추는 것이 지혜다

니다. 그래야 주님을 알 수 있습니다.

사역이 힘든 이유가 무엇일까요? 흉내만 내고 있기 때문입니다. 삶이 고단한 이유가 무엇일까요? 따라만 다니기 때문입니다. 꿈이 이뤄지지 못하는 이유가 무엇입니까? 나의 꿈을 꾸지 못하고 꿈에 대한 확신이 없기 때문입니다.

이런 질문을 해봅니다. 나는 나답게 살고 있는가? 제자처럼 사역하고 있는가? 코흘리개 아이처럼 주님의 손을 붙잡고 있으면서 성장하고 있다고 착각하지는 않나?

어리석은 스게와의 아들이 되지 맙시다.

○ 하루 한 문장 읽기
주님의 부재를 경험해야 합니다.

○ 하루 한 문장 쓰기
주제: 주님의 부재

○

10
기도의 북소리

조금 나아가사 얼굴을 땅에 대시고 엎드려 기도하여 이르
시되 내 아버지여 만일 할 만하시거든 이 잔을 내게서 지나
가게 하옵소서 그러나 나의 원대로 마시옵고 아버지의 원
대로 하옵소서 하시고

- 마태복음 26:39

기도는 마음을 토하는 거룩한 의지입니다. 내 안에 담긴 소원이
입을 통해 말로 나옵니다. 견딜 수 없는 고백이 담겨 있습니다.

기도는 심령을 울리는 북소리입니다. 내 마음을 하늘의 상
소문에 올립니다. 간절함을 너머 피를 토하는 독백이 됩니다.
기도는 긴 밤을 홀로 보내야 하는 외로움의 친구입니다. 아무도
알아 주지 않는 무명의 동무입니다. 세상은 고요하지만 기도는
천둥입니다. 기도는 혼자 하는 것 같지만 하늘이 함께하는 영적

잠시 멈추는 것이 지혜다

인 사건입니다. 하늘의 뜻이 기도를 통해 이 땅에 이뤄집니다. 가장 작은 기도도 우주를 움직이는 기도가 됩니다.

기도는 하나님의 소원으로 가는 좁은길입니다. 누구도 대신 해 줄 수 없습니다. 기도와 십자가는 내가 지고 가는 것입니다.

기도는 많이 알고 있다고 잘할 수 있는 게 아닙니다. 순간이 라도 진실된 기도가 필요합니다. 밤을 새우는 기도의 지식은 자랑일 뿐입니다.

기도는 겟세마네입니다. 제자들도 함께할 수 없습니다. 깨어 있는 사람은 오직 예수뿐입니다. 기도는 잠든 인생을 깨웁니다.

기도는 주님의 마음을 배우는 학교입니다. 온 인류를 구원 하시되 한 사람도 소홀히 하지 않으시는 주님의 마음을 배우게 됩니다.

기도는 내가 누구인지를 가르쳐줍니다. 인생의 한계에서 절 망하는 나의 욕심을 발견합니다. 지독히도 이기적인 나의 모습 을 보여주는 거울입니다.

기도는 내가 하고자 하는 의미가 무엇인지 보게 합니다. 내 면의 동기가 얼마나 복잡한지를 알게 합니다. 기도는 마음의 연 금술사입니다.

기도는 내가 어디로 가야하는지를 깨닫게 합니다. 예루살렘 이 아니라 갈릴리로 가야함을 들려 줍니다. 삶의 자리에서 신음

하는 이를 위해 기도해야 합니다.

기도는 사랑이 가장 위대한 일임을 알게 합니다. 아버지의 소원은 우리가 유명해지는 것이 아닙니다. 작은 자의 벗이 되는 사람이 되길 원하십니다.

기도는 능력을 받는 도구가 아닙니다. 오히려 내가 생각하는 능력을 내려놓게 합니다. 기도는 은혜의 통로입니다. 더 부서지고 더 깨지고 더 씻어지게 하는 것이 기도입니다.

기도는 내 소원이 아니라 하나님의 소원을 이룹니다. 기도하는 자가 받는 최고의 선물은 예수입니다.

○ 하루 한 문장 읽기

기도는 마음을 토하는 거룩한 의지입니다.

○ 하루 한 문장 쓰기

주제: 기도(1)

○

11
기도, 듣는 것!

누가 주의 이 많은 백성을 재판할 수 있사오리이까 듣는 마
음을 종에게 주사 주의 백성을 재판하여 선악을 분별하게
하옵소서

기도는 하나님의 음성을 듣는 것입니다. 하나님의 마음이
기도를 타고 옵니다. 기도를 통해 하나님을 배웁니다.

하나님의 음성은 소리를 너머 깨달음으로 옵니다. 나의 것
을 내려놓게 하고 하나님께 집중하게 합니다.

기도는 나의 소원이 이뤄지는 것이 아니라 하나님의 뜻이 온전
히 성취되는 것입니다. 나의 방식이 잘못되었음을 알아가는 것
입니다.

기도는 정성을 통과해야 합니다. 간절함에서 멈추면 안 됩니다. 기도를 통해 하나님을 조정하려고 합니다. 기도가 실패하는 원인입니다.

솔로몬의 기도가 응답되었습니다. 하나님의 마음에 든 기도입니다. 무언가를 이루기 위한 기도가 아니라 무언가를 해야 하는 기도입니다. 기도는 완성이 아닙니다. 과정일 뿐입니다. 손에 잡히는 것이 아니라 손을 내미는 것입니다. 나를 위함이 아니라 나를 드리기 위함입니다.

기도는 듣는 마음입니다. 나의 내면의 소리에, 백성의 소리에, 하나님의 음성을 듣는 것입니다. 기도를 통해 영적 분별력을 배웁니다. 기도를 통해 무엇을 구하고 있습니까? 기도를 하기는 하고 있나요?

지금까지의 기도는 잊으십시오. 기도에는 왕도가 없습니다. 자기 합리화를 위한 기도는 하나님과 거래하는 것입니다. 기도의 분량만큼 기도가 응답된다는 생각을 잊어야 합니다.

기도로 시작했다면 기도하는 은혜에 감사합시다. 하나님과 대화하는 놀라운 은혜가 기도입니다. 기도는 내가 하나님께 가는 것이 아니라 하나님께서 오시는 것입니다.

기도를 하고 있다면 좀더 마음의 문을 여십시오. 이성의 문이 열려야 기도의 문이 열립니다. 기도는 영적인 차원의 사역이면서 동시에 이성적인 수준의 사역입니다.

기도 없는 신앙생활은 있을 수 없습니다. 기도는 믿음의 기초입니다. 기도가 없다면 그것은 종교생활일 뿐입니다. 응답은 기도를 통해서, 기적도 기도를 통해서 이뤄집니다.

기도합시다. 기도의 문을 활짝 여십시오.

○ 하루 한 문장 읽기

기도는 나의 소원이 이뤄지는 것이 아니라

하나님의 뜻이 온전히 성취되는 것입니다.

○ 하루 한 문장 쓰기

주제: 기도(2)

○

12
기도의 시간

엘리야가 갈멜 산 꼭대기로 올라가서 땅에 꿇어 엎드려 그
의 얼굴을 무릎 사이에 넣고

- 열왕기상 18:42

문제가 시작되면 기도를 시작해야 합니다. 고통이 클수록 기도도 크게 해야 합니다. 고난이 깊을수록 기도도 깊이 해야 합니다.

문제가 없는 인생은 없습니다. 문제를 보면 원망하고 불평하는 것이 당연합니다. 엘리야는 문제를 기도하는 기회로 선용했습니다.

잠시 멈추는 것이 지혜다

문제를 문제로 바라보지 않고 기도의 제목으로 삼아야 합니다. 하나님은 아픔 속에 성숙을 심어주시고 실패 속에 지혜를 담아 놓으셨습니다.

세상을 탓하는 건 쉽습니다. 시대를 절망하는 건 어리석습니다. 절망하기 시작하면 아무것도 할 수 없습니다. 내가 경험하는 것이 전부가 아닙니다. 아직 포기하기에는 이릅니다.

문제를 통해 보여주시는 하나님의 마음이 있습니다. 문제 때문에 무너지는 것이 아니라 기도하지 않기 때문에 무너집니다. 하나님께 승부를 거는 시간이 필요합니다.

기도할 때 간절한 마음으로 드려야 합니다. 기도의 시간을 낭비하면 안 됩니다. 기도는 영적인 태도입니다. 하나님께 기도하는 내용도 중요하지만 기도하는 사람의 마음과 태도가 더 소중합니다.

문제 때문에 기도하지만 기도가 사람을 만듭니다. 기도를 소홀히 여기면 큰일입니다. 기도가 인생을 살리고 가정을 살리고 민족을 살립니다. 기도는 간절함이며 몸부림입니다.

기도하는 영적 고독의 시간이 필요합니다. 기도는 생사가 걸린 영적 전쟁터에서 울리는 행군 나팔입니다. 기도하는 땀 한 방울이 전쟁의 승리를 가져다줍니다.

인생의 문제 앞에 주눅들지 말고 날마다 기도해야 합니다.

거룩한 기도의 시간으로 인해 많은 문제를 헤쳐나가게 됩니다. 기도의 깊이가 믿음의 깊이고 기도의 크기가 믿음의 크기입니다.

하나님은 문제를 풀어주시기 전에 기도하는 사람을 만져주십니다. 상황이 바뀌기보다 기도하는 사람이 변화되기를 바라는 것이 아버지의 마음이기 때문입니다. 기적보다 귀한 것이 기도입니다.

기도는 하늘 문을 여는 열쇠입니다. 기도하는 사람이 하늘에서 단비를 내리게 합니다. 문제가 클수록 기도해야 합니다. 어려움이 찾아올수록 기도를 시작해야 합니다.

하나님의 마음은 기도하는 사람에게 있습니다.

○ 하루 한 문장 읽기

하나님께 승부를 거는 시간이 필요합니다.

○ 하루 한 문장 쓰기

주제: 기도(3)

잠시 멈추는 것이 지혜다

○

13
그리스도의 향기

우리는 구원 받는 자들에게나 망하는 자들에게나 하나님
앞에서 그리스도의 향기니

- 고린도 후서 2:15

나는 그리스도의 향기인가? 아님 그리스도의 독기인가? 완
고하고 고집만 가득한 편협한 그리스도인은 아닌가?

교회가 세상과 같은 악취를 내고 있습니다. 세상이 쓰는 방
법으로 복을 받으려고 합니다. 한 알의 밀알로 죽어야 하는데
썩은 냄새만 진동합니다. 죽는 척, 내려놓는 척만 합니다. 세상
의 평판에 얍삽하게 움직입니다. 십자가를 지는 사람들은 사라
지고 십자가를 이용하는 상인들만 가득합니다. 골고다로 가는

길은 좁고 예루살렘으로 가는 길은 넓습니다. 무명의 헌신은 찾아보기 힘들어졌습니다. 은혜라는 미명하에 거짓이 난무하고 사랑이란 포장으로 불의가 난잡합니다. 온갖 못된 짓을 일삼아도 세상 탓만 합니다.

기준이 사라진 채로 각자의 소견만이 기준이 되어 믿음에 안착합니다. 시기와 질투가 난무하고 어리석음이 가득합니다. 뱀처럼 간교하고 비둘기처럼 미련합니다. 경건의 모양을 내기 위해 화장술만 발달합니다. 성장이 아니라 비만이 걸렸는데도 숫자에 대한 욕심이 끝이 없습니다.

예수의 길은 무엇인지, 예수의 향기는 어떤지, 고찰하고 고심하지 못합니다. 시간에 쫓기고 프로그램에 밀려 아무것도 모른 채 진행하고 있습니다. 교회는 점점 변방으로 밀려나는데 교회가 어떤 곳인지를 말해주지 못합니다.

교회가 하나님 앞에 있지 못하고 세상의 인정만 받으려고 합니다. 유명한 사람이 되려고만 합니다. 세상과 다름에 대한 고결한 자부심이 사라졌습니다.

그리스도의 향기를 찾는 사람들이 적지 않습니다. 시대의 아픔을 치유받고 싶은 인생들이 많습니다. 교회 안에 갇힌 교회. 교회에서만 향기를 발하는 그리스도인. 교회가 썩어 세상이 썩은 것인가. 세상이 썩어 교회가 썩은 것인가. 이 시대를 보면

· **55** ·
잠시 멈추는 것이 지혜다

서 눈물을 흘리기 전에 교회를 향한 눈물이 있어야 합니다. 교
회는 갈보리 언덕에 있어야 합니다.

○ 하루 한 문장 읽기

교회는 갈보리 언덕에 있어야 합니다.

○ 하루 한 문장 쓰기

주제: 교회란?

○

14
과유불급

주께서 대답하여 이르시되 마르다야 마르다야 네가 많은
일로 염려하고 근심하나

- 누가복음 10:41

　가끔은 게으름을 피우십시오. 너무 분주하지 않습니까? 할
일 없이 빈둥거려 보십시오. 어깨에 잔뜩 들어간 힘을 빼 보십
시오. 차분함이 분주함을 이깁니다. 꼭 알맞게 일할 수 없습니
다. 물샐틈없이 자신을 조이지 마십시오. 각박한 세상에 강박함
으로 살고 있습니다.

　모두가 뛴다고 나도 뛸 필요는 없습니다. 조용히 생각할 시간
이 필요합니다. 탈진한 마음을 쉬게 해야 합니다. 모든 것이 과

잠시 멈추는 것이 지혜다

유불급입니다. 나태함은 경계해야 하지만 나약함을 감출 이유는 없습니다. 숨기고 감추기 때문에 인생은 외롭습니다. 상대적 결핍을 채우느라 허리가 휩니다.

마르다의 삶입니다. 해야 할 일이 산더미입니다. 해도 해도 끝이 없습니다. 자신의 십자가가 제일 무겁습니다. 나만 희생의 자리에 있다고 생각합니다. 마르다처럼 일하고 생각하고 있다면 쉬어야 합니다. 멈춰야 합니다. 그 순간부터 사역은 짐이 되고 사랑은 의무가 됩니다. 상대방과 끊임없이 비교하며 살게 됩니다.

내가 없어도 무너지지 않습니다. 오히려 잘 돌아갑니다. 다음세대가 훌륭하게 이어받습니다. 어쩌면 내가 걸림이 될 수도 있습니다. 내가 막고 있었는지도 모릅니다.

쓰임 받는 것이 은혜입니다. 사랑하고 사랑받는 것이 기적입니다. 인생 자체가 감사입니다. 최선을 다해야 합니다. 그러나 가끔은 그 최선의 결과를 내려놓아야 합니다. 최선 자체를 벗어나야 할 때도 있습니다.

마리아를 미워하지 마십시오. 마리아와 비교하지 마십시오. 마리아가 하는 일에 시샘하지 마십시오. 마리아에게 굳이 살림살이를 가르치지 마십시오. 마리아는 마리아의 인생이 있습니다.

조급하면 인생은 짧습니다. 느긋하면 인생은 깁니다. 꿈이 없으면 인생은 얕습니다. 꿈이 있으면 인생은 깊습니다. 사랑이 없으면 인생은 가볍습니다. 사랑이 있으면 인생은 진중합니다.

마르다인가, 마리아인가는 중요하지 않습니다. 마르다답게 살고 있는지, 마리아답게 사는지가 중요합니다. 주님은 마르다와 마리아를 모두 사랑하십니다.

나는 누구인가? 나답게 살고 있는가? 오늘 천천히 가만히 생각해봅시다.

○ 하루 한 문장 읽기

가끔은 게으름을 피우십시오.

○ 하루 한 문장 쓰기

주제: 과유불급

잠시 멈추는 것이 지혜다

○

15
삶은 스타일이다

오직 강하고 극히 담대하여 나의 종 모세가 네게 명령한 그
율법을 다 지켜 행하고 우로나 좌로나 치우치지 말라 그리
하면 어디로 가든지 형통하리니

- 여호수아 1:7

삶은 스타일입니다.

허접하게 세상을 따라 살 이유가 없습니다. 어쭙잖게 따라살
지 말아야 합니다. 스타일이 구겨지지 않게 반듯하게 사는 것이
중요합니다. 자고하라는 말이 아닙니다. 지조를 지키라는 말입
니다.

인생은 각자의 길이 있습니다. 모방하면서 살기에는 삶이
짧습니다. 배울 때가 있고 내 것으로 만들 때가 있습니다. 너무

한쪽으로 치우치지 말아야 합니다. 나를 규정하려고 어렵게 살 필요가 없습니다. 스타일을 망치는 것은 탐욕입니다. 모든 것을 다 할 수는 없습니다. 모든 것을 다 가질 수도 없습니다. 하나에 하나씩 하면 됩니다.

가나안 땅에 들어가는 원리는 간단합니다. 하던 대로 하면 됩니다. 특별한 신무기가 필요하지 않습니다. 신통한 것은 오래 못갑니다. 우로도 좌로도 치우치지 않는 믿음이 필요합니다. 하나님의 말씀을 붙잡는 믿음 말입니다. 믿음이 삶의 스타일입니다.

생긴 대로 믿어도 됩니다. 기질 대로 믿어도 됩니다. 믿음은 각자에게 주어진 고유한 선물입니다. 하나님께서 여호수아에게 요구한 것은 한 가지입니다. 광야에서 모세에게 배운 믿음으로 살라는 것입니다. 즉 여호수아 스타일로 그냥 사는 것입니다. 여호수아가 모세가 될 수는 없는 노릇입니다. 모세는 모세의 삶이 있고 여호수아는 여호수아의 삶이 있습니다. 이것이 스타일입니다.

세상은 자꾸 남과 비교합니다. 남이 되라고 말합니다. 모난 사람이 정 맞는다고 합니다. 믿음은 정 맞는 것을 두려워하지 않습니다. 나만의 스타일을 찾아야 합니다. 언제까지 남처럼 살겠습니까? 남들처럼 살다간 나를 잃어버립니다. 내 인생은 사라집니다. 세상에 속으면 안 됩니다. 아니 세상도 스타일이 독특한 사람들을 찾고 있습니다. 믿음은 밋밋하지 않습니다. 신앙은 무난한 것이 아닙니다. 다른 사람과 다르게 살려고 노력할 필요가 없습니다. 내 스타일대로 살면 됩니다.

누가 뭐라고 하든 내 길을 가야 합니다. 사람의 눈이 아니라 하나님의 눈을 의식해야 합니다. 사람들이 어떻게 생각하느냐 보다 하나님께서 나를 어떻게 인도하시는지가 중요합니다. 나는 사람들 앞에서 사는 인생이 아니라 하나님 앞에서 사는 인생입니다.

○ 하루 한 문장 읽기

누가 뭐라고 하든 내 길을 가야 합니다.

○ 하루 한 문장 쓰기

주제: 내 길

○

16
두려움으로 달려가라

블레셋 사람이 일어나 다윗에게로 마주 가까이 올 때에 다
윗이 블레셋 사람을 향하여 빨리 달리며

- 사무엘상 17:48

　빨리 달리기 위해서는 손에 있는 것을 놓아야 합니다. 욕심
껏 모두 들고 달릴 수는 없습니다. 내가 의지하고 있는 것들이
아까워도 내려놓는 순간이 있어야 합니다.

　두려움을 이기는 방법은 오직 한 가지입니다. 두려움을 안고
달려가는 것입니다. 정면돌파만이 살 길입니다. 달리고 달리고
달리는 것입니다. 도망가는 것은 아무 소용이 없습니다. 시간만
낭비할 뿐 언젠가 또 다시 만나게 됩니다. 회피하는 것은 문제

잠시 멈추는 것이 지혜다

를 더 꼬이게 만듭니다. 두려움은 허상입니다. 부정적인 생각, 절망적인 사고와 당당히 맞서야 합니다.

이왕이면 달려갈 때 빨리 달리는 것이 좋습니다. 뭉그적거리면 확신이 무뎌지고 두려움이 비웃습니다. 얻어맞고 코피가 터지면 어떻습니까? 싸움의 주도권을 확실히 잡아야 합니다. 쓰러진 자리에서 다시 일어나면 됩니다. 달리다가 넘어지면 다시 달리면 됩니다.

두려움은 껍데기입니다. 마음이 뜨거운 자는 알게 됩니다. 치밀하게 준비한 사람은 경험합니다. 아무리 무서운 문제도 아무것도 아님을 배웁니다. 두려움 속으로 달려가면 두려움이 점점 작아지는 것을 발견합니다. 그렇게 커 보이던 골리앗이 아무것도 아님을 깨닫습니다. 다윗이 철이 없어 골리앗 앞으로 달려간 게 아닙니다. 두려움을 모르는 용기가 있었기 때문도 아닙니다.

다윗에게는 두려움을 이기는 작은 믿음이 있었습니다. 두려움 앞으로 달려가는 다윗은 혼자가 아닙니다. 만군의 하나님께서 함께 달리고 있음을 온몸으로 체험했습니다. 이 싸움은 다윗의 싸움이 아닙니다. 하나님의 싸움입니다. 신실하신 하나님이 어떤 분이신지를 보여주는 싸움입니다. 승리의 영광은 하나님의 몫입니다.

인생에 쉬운 것은 없습니다. 첩첩산중이요, 사면초가입니다. 날마다 골리앗들과 상대해야 합니다. 한 번에 두세 놈과 싸워야 할 때도 있습니다. 두려움 앞에서 기억해야 합니다. 만군의 하나님이 나와 함께 싸우고 계십니다. 골리앗과 싸우며 삶의 진정성을 배웁니다. 내가 누구인지 분명히 알게 됩니다.

두려움은 하나님께서 나를 만지시는 시간입니다. 하나님께서 귀하게 쓰기 위하여 골리앗 앞에서 우리를 연단하고 계십니다. 내가 나를 만드는 것보다 하나님께서 나를 만드시는 것이 더 좋은 작품이 되지 않겠습니까?

○ **하루 한 문장 읽기**

두려움은 껍데기입니다.

○ **하루 한 문장 쓰기**

주제: 두려움

○

17
잠시 멈추는 것이 지혜다

너는 스스로 예비하되 너와 네게 모인 무리들이 다 스스로
예비하고 너는 그들의 우두머리가 될지어다

- 에스겔 38:7

준비없이 시작하지 말아야 합니다. 주먹구구식으론 오래 버
티지 못합니다. 아무리 뜨거운 열의도 예비의 단계를 거쳐야 합
니다.

고난이 주는 유익은 인생을 철저히 준비토록 하는 것입니다.
아픔이 클수록, 상처가 깊을수록 준비하는 자세가 달라집니다.
마음만 뜨겁다고 모든 일이 잘되는 것은 아닙니다. 분별하고 점
검하는, 치밀한 준비가 필요합니다.

잠시 멈추는 것이 지혜입니다. 차분하게 생각을 정리해야 합니다. 다시 시작하는 것은 냉험한 현실을 온몸으로 부딪치는 것입니다. 자신이 있을 때까지 준비해야 합니다. 스스로에게 확신이 들 때까지 움직이지 말아야 합니다. 쉬운 길은 짧고 밋밋합니다. 누구나 가는 길입니다.

오도 가도 못하는 길에서 할 수 있는 일은 준비입니다. 준비하는 자에게 시작할 수 있는 기회가 옵니다. 미덥지 못하거든 전진하지 말아야 합니다. 불길한 마음이 들거든 불같은 마음을 달래야 합니다. 확신이 설 때까지 스스로를 채근해야 합니다.

예비된 사람이 다른 사람도 준비시킵니다. 예비된 사람이 지도자입니다. 얼마나 예비를 했는지의 크기가 리더십의 크기입니다. 하나님은 에스겔에게 예비하라 말합니다. 예비한 자가 인생과 민족의 지도를 가지고 있는 사람입니다. 사람들은 예비된 사람을 따르고 싶어합니다.

에스겔은 하나님과의 만남을 예비합니다. 에스겔은 준비의 하나님과 교제합니다. 처음과 마지막을 아시는 하나님께 준비를 배워야 합니다. 실패하는 것보다 어리석은 것이 준비없음입니다. 예비하고 예비해도 실수를 합니다. 그러나 준비된 자는 실패를 통해 또 다른 준비를 배웁니다. 예비는 끝과 연결되어 있습니다. 끝을 보는 안목이 준비입니다. 낙심도 절망도 준비 앞에서

맥을 못춥니다. 준비의 눈물이 있습니까? 그 양이 차면 하나님
께서 반드시 쓰십니다.

하나님의 사람들은 준비의 과정을 통과한 사람입니다. 광야
에서 30년, 40년을 견딘 예비된 사람입니다. 준비의 양이 쓰임
의 양을 결정합니다. 영원하신 하나님도 시간을 준비하듯이, 하
나님께 쓰임받는 사람은 준비의 시간을 낭비하지 않습니다.

○ 하루 한 문장 읽기

실패하는 것보다 어리석은 것이 준비없음입니다.

○ 하루 한 문장 쓰기

주제: 준비

○

18
저절로 회복되는
상처는 없다

그들이 서로 말하되 길에서 우리에게 말씀하시고 우리에게
성경을 풀어 주실 때에 우리 속에서 마음이 뜨겁지 아니하
더냐 하고

- 누가복음 24:32

　매서운 바람보다 더 차가운 것은 식은 마음입니다. 겨울의
추운 기운보다 마음의 차가움이 더 냉랭합니다. 마음이 식으면
인생도, 사랑도, 꿈도, 열정도 식습니다. 조각난 마음들을 가만
히 내버려두면 안 됩니다. 저절로 회복되는 마음은 없습니다.
갑자기 닥친 이별의 아픔도, 허무하게 무너진 꿈도, 흔들리는
믿음도, 불안한 인생의 무게도 모두 마음이 짊어져야 합니다.
　마음은 영적인 전쟁터입니다. 열정과 냉정 사이에서 전투는

치열합니다. 한 번에 이기는 쪽은 없습니다. 전진과 후퇴를 반복합니다. 마음은 인생의 전쟁터입니다. 사랑하고 미워하는 것은 종이 한 장 차이입니다.

세상이 마음을 얼어붙게 합니다. 동토의 세계에서 양육강식의 무모함을 배우게 됩니다. 살아남은 자의 부끄러움을 평생 가지고 살아야 합니다.

예수의 말씀이 마음을 뜨겁게 합니다. 지치고 피곤한 마음에 힘을 불어넣어 줍니다. 절망과 한숨의 길에서 희망과 심호흡의 길로 나아가게 합니다. 예수의 말씀은 세상의 냉혹함을 무색하게 합니다. 차가워진 이성에 불을 넣습니다. 시지푸스의 어깨에 단단한 정신을 부여합니다.

마음을 뜨겁게 하는 사람이 됩시다. 마음과 마음을 통하는 사람이 됩시다. 미력하나마 조각난 마음을 이어주는 다리가 됩시다. 식어버린 마음에 머물러 있으면 안 됩니다. 예수의 말씀에서 다시 시작해야 합니다. 예수의 말씀에 대답이 있습니다. 예수의 말씀에 뜨거움이 있습니다. 세상이 감당할 수 없는 뜨거운 마음을 품으십시오.

예수가 내 안에서 꿈틀거리게 하십시오. 예수가 말씀입니다. 말씀이 마음의 뜨거움입니다.

○ 하루 한 문장 읽기

마음은 영적인 전쟁터입니다.

○ 하루 한 문장 쓰기

주제: 마음(1)

잠시 멈추는 것이 지혜다

○

19
마음이 아파야
좋은 나무가 된다

예수께서 이르시되 너희도 이렇게 깨달음이 없느냐 무엇이
든지 밖에서 들어가는 것이 능히 사람을 더럽게 하지 못함
을 알지 못하느냐

- 마가복음 7:18

　지나친 기대는 금물입니다. 실망하는 이유는 기대에서 옵니
다. 사람에 대해서, 역사에 관하여 너무 깊이 흥분하면 안 됩니
다. 잘못된 안목이 실망으로 인도합니다. 사람이 나쁜 것도 있
지만 나의 선택이 잘못되었을 수도 있습니다. 결정은 항상 신중
해야 합니다.

　충성을 망설이는 이유가 무엇입니까? 일이 힘들어서라기보
다 사람에 대한 신뢰가 확립되지 못하기 때문입니다. 충성은 관

계입니다. 처음 먹은 마음이 끝까지 가야 충성입니다. 충성의 여정에서 의심과 늘 싸워야 합니다. 충성을 무너뜨리는 것은 언제나 나 자신이기 때문입니다.

나의 마음밭에는 무슨 나무가 자라고 있는지 점검해야 합니다. 땅이 굳어지기 전에 부지런히 기경해야 합니다. 열매를 보면 나무를 알 수 있습니다. 게으름이 무서운 것은 결정적인 순간에 아무것도 할 수 없기 때문입니다. 최선을 다했다는 말로 변명할 수 없는 것이 인생입니다.

그 자리에 있어야 합니다. 힘들다고 쉽게 움직이면 나무는 자라기 힘듭니다. 나무가 자라기 좋은 환경은 거의 없습니다. 묵묵히 자리를 지키는 나무가 거목이 됩니다. 척박한 땅일수록 부단한 노력이 필요합니다. 원망하고 불평하는 것은 쉬운 일이지만 아름다운 열매는 맺을 수 없습니다. 하늘은 항상 열려있습니다. 나뭇가지를 높이 들어 하늘의 은혜를 받아야 합니다. 좋은 나무는 하늘을 원망하지 않습니다. 나쁜 열매를 한 번 맺을 수는 있으나 계속 맺는 것은 문제입니다. 못된 나무가 좋은 나무가 되기 위해 무엇이 필요한지 배워야 합니다.

충성의 결과는 열매에 있습니다. 결과의 과정을 충실히 밟아야 합니다. 고난의 유익은 과정에 있습니다. 한 걸음씩 온몸으로 좋은 나무가 되는 법을 배웁니다. 좋은 나무가 되려면 사랑

잠시 멈추는 것이 지혜다

을 충분히 받아야 합니다. 농부의 발걸음으로 벼가 자라듯 사랑의 발걸음이 나무를 자라게 합니다. 고난을 이기는 힘은 사랑에서 나옵니다.

마음이 아파야 좋은 나무가 됩니다. 나를 아프게 하는 사람을 사랑하는 것은 힘들지만, 그를 이해하려고 노력해야 합니다. 고난의 도구로 사용되는 사람도 하나님께서 사랑하시기 때문입니다. 못된 나무가 좋은 나무를 만듭니다. 나쁜 열매가 아름다운 열매를 알아보게 합니다. 인생의 좋고 못됨은 결국 나에게서 나옵니다.

○ 하루 한 문장 읽기
처음 먹은 마음이 끝까지 가야 충성입니다.

○ 하루 한 문장 쓰기
주제: 마음(2)

○

20
상한 마음

여호와는 마음이 상한 자를 가까이 하시고 충심으로 통회
하는 자를 구원하시는도다

- 시편 34:18

하나님은 마음을 고치시는 분입니다. 마음에 담긴 것을 정리
정돈하십니다. 아까워 붙잡고 있는 것을 놓게 하십니다.

하나님은 마음을 부드럽게 하십니다. 상처로 인해 깊이 박
힌 쓴뿌리를 뽑아내십니다. 강퍅한 마음에 은혜의 단비를 내리
십니다.

하나님은 마음을 움직이십니다. 온통 나만 알고 위하는 마
음에서 작은 것을 볼 수 있는 마음으로 옮기십니다. 땅에 속한

마음이 아니라 하늘에 속한 마음으로 바꾸십니다.

히나님은 마음에 감동을 주십니다. 함께 웃고 함께 우는 것이 어떤 것인지 맛보게 하십니다. 소소한 일상의 위대함에 감사하게 만듭니다.

하나님은 마음을 변화시키십니다. 외부의 변형이 아니라 심령이 말씀으로 거듭남을 허락하십니다. 성(聖)과 속(俗)이 하나임을 깨닫게 하십니다.

하나님은 상한 마음을 찾으십니다. 깨어지고 부서지고 아파하는 마음을 가까이 하십니다. 수만가지 마음으로 쪼개져버린 절망의 마음을 치유하십니다. 마음이 상할 때 고통하는 자를 볼 수 있습니다. 마음이 상할 때 어려움을 당하는 자들에게 민감해집니다. 마음이 상할 때 아들을 내어주신 하나님 아버지의 마음을 알 수 있습니다. 기다리는 동안 마음이 상합니다. 기대하지 않은 결과를 받아들고 마음이 상합니다. 이별의 통보 앞에서 마음이 상합니다. 의심의 안개 속에서 마음이 상합니다.

마음이 상하지 않은 사람이 어디 있을까요? 그러나 상한 마음을 하나님께 가지고 가는 사람은 많지 않습니다. 상한 마음은 불평과 원망의 재료가 아닙니다. 상한 마음은 은혜와 사명의 도구입니다.

마음으로 마음을 이겨야 합니다. 보이지 않는 마음이 보이는 육신을 이깁니다. 잡히지 않는 마음이 인생을 움직입니다. 마음이 상할수록 감사해야 합니다. 어떤 문제, 어떤 축복도 영원한 것은 없습니다. 마음만이 이 모든 것을 기억합니다.

○ 하루 한 문장 읽기

상한 마음은 은혜와 사명의 도구입니다.

○ 하루 한 문장 쓰기

주제: 마음(3)

잠시 멈추는 것이 지혜다

21

두 마음

두 마음을 품어 모든 일에 정함이 없는 자로다

- 야고보서 1:8

거대한 댐이 무너지는 일은 아주 작은 틈에서 시작합니다. 눈에 보이지 않을지라도, 갈라진 틈 사이로 엄청난 압력이 쏟아져 들어옵니다.

인생이 무너지는 것은 큰일 때문이 아닙니다. 아주 미세한 마음의 틈 사이로 압력이 들어와 무너집니다. 마음을 지키는 것은 위대한 일입니다. 세상을 지키는 일보다 더 어렵습니다. 자신을 이기는 사람은 마음을 이기는 사람입니다.

마음에 틈이 생기지 않도록 만들어야 합니다. 마음은 싸워서 이기는 대상이 아닙니다. 마음을 이기는 사람은 아무도 없습니다. 두 마음이 되지 않도록 잘 관리하는 것이 중요합니다. 어떤 일로 마음이 나뉘는지 살펴봐야 합니다. 마음이 힘들면 인생도 힘듭니다. 안경을 벗으면 앞에 있는 사물이 제대로 보이지 않습니다. 마음이 무너지면 세상을 제대로 보지 못합니다.

마음은 항상 사람을 지향합니다. 사람 때문에 마음이 즐겁고, 사람 때문에 마음이 힘듭니다. 마음에는 사랑과 미움이 함께 있습니다. 마음에 무엇을 품는지가 중요합니다. 마음을 다스리는 것이 벅차다면, 마음에 아름다운 것을 많이 담는 연습을 해야 합니다.

마음을 힘들게 하는 건 세상이 아닙니다. 상대방도 아닙니다. 바로 나 자신입니다. 내 마음을 모르는 사람은 바로 나입니다. 마음을 표현하는 방법을 배워야 합니다. 마음을 나눌 수 있는 친구가 있어야 합니다.

모든 일은 마음에서 시작합니다. 작은 일이든, 위대한 과업이든 마음에서 출발합니다. 마음을 빼앗기지 않도록 노력해야 합니다. 마음에서 절망하면 인생은 희망을 상실합니다.

마음에서 사람을 낙인 찍으면 안 됩니다. 나쁜 사람은 많지만 태어날 때부터 흉악한 사람은 없습니다. 사람을 향해 마음

잠시 멈추는 것이 지혜다

열기를 두려워하지 말아야 합니다. 마음을 여는 만큼 행복의 크기가 결정됩니다. 행복을 담는 보자기의 이름은 상처입니다. 날마다 햇볕만 들면 사막이 됩니다.

고고한 인생을 나 홀로 살 수 없듯이, 마음에는 수만 가지의 아픔이 있습니다. 누구나 마음 한편에는 커다란 눈물샘이 있습니다. 인생이 위대한 것은 마음에 우물이 있기 때문입니다.

인생이 단 한 번 뿐이기에 지금 만나는 사람이 마지막일 수 있기에, 사랑한다는 고백을 놓칠 수 있기에, 모든 희망은 바로 내 마음에 있습니다.

○ 하루 한 문장 읽기
모든 일은 마음에서 시작합니다.

○ 하루 한 문장 쓰기
주제: 마음(4)

○

22
희망은 천천히 온다

나의 희망이 어디 있으며 나의 희망을 누가 보겠느냐

- 욥기 17:15

실망은 빨리오고 희망은 천천히 옵니다. 고난은 희망이 얼마나 귀한가를 알려줍니다. 희망을 만나기 위해 실망과 싸워야 합니다.

실망의 시간은 느리게 갑니다. 하루하루 견디기 힘든 시간 앞에 있어야 합니다. 빨리 벗어나고 싶을수록 미로를 헤매게 됩니다. 실망은 덫과 같습니다. 실망의 늪에서 벗어나려면 몸부림치지 않고 가만히 있어야 합니다. 이는 내 삶을 온전히 하나님께

잠시 멈추는 것이 지혜다

맡기는 것입니다. 나로 살아가는 것이 무엇인지 확인을 받는 시간입니다. 실망을 뒤로 미뤄야 합니다. 성급한 실망은 희망을 보지 못하게 합니다. 당황하지 말아야 합니다. 조급하게 생각하면 안 됩니다.

잠깐의 낙심은 자신을 돌아볼 수 있지만 실망에 사로잡히면 희망을 보는 눈이 흐려질 수 있습니다. 주변에서 힘들게 할수록 천천히 가야 합니다. 무너진 자리에서 다시 일어서기란 힘든 일입니다. 처음부터 다시 시작하는 것은 너무 벅찹니다. 그래도 희망의 끈을 붙잡아야 합니다. 계획이 틀어지고, 다 된 것 같은 일이 무산되고, 사랑의 따뜻함이 사라지고, 차가운 냉기가 스며들 때도 희망은 언제나 내 옆에 있음을 확신해야 합니다.

욥이 당한 고난을 좋아하는 사람은 없습니다. 고난 속에서 희망은 떠났다고 생각할 수 있습니다. 욥의 외침이 나의 외침입니다. 그럼에도 하나님은 희망을 거둬가시지 않습니다. 반드시 다시 일어설 수 있는 희망을 내 안에 담아 놓으셨습니다.

웃고 있어도 웃는 것이 아닌 삶이 인생입니다. 눈물이 마르고 한숨이 바닥 날 때도 일상을 사는 것이 인생입니다. 사랑하는 사람의 뒷모습을 바라보며 무기력한 추억을 주워 담는 것이 인생입니다. 그래도 인생은 희망으로 삽니다. 누가 뭐래도 나만의 희망이 있기에 오늘도 일어납니다. 소소한 일상에서 꿋꿋하게 견디는 것도 인생입니다. 작은 촛불이 온 인생을 비춥니다.

실망하지 마십시오. 아니, 실망하십시오. 그러나 그 실망에 사로잡히지 마십시오. 실망의 뒤편에 희망이 있음을 믿으십시오. 조금만 더 가면 희망의 새날을 만날 수 있습니다.

○ 하루 한 문장 읽기

실망의 뒤편에 희망이 있음을 믿으십시오.

○ 하루 한 문장 쓰기

주제: 희망

잠시 멈추는 것이 지혜다

○

23
사람이 그립다

사람이 무엇이기에 주께서 그를 생각하시며
인자가 무엇이기에 주께서 그를 돌보시나이까

- 시편 8:4

　사람이 사람을 그립게 합니다. 한없이 보고 싶고 만나고 싶어합니다. 사람은 사람에 기대어 삽니다.

　사람이 사람을 힘들게 합니다. 미치도록 어렵고 힘들게 만듭니다. 사람이 사람을 죽입니다. 사람은 사람을 모릅니다. 그래서 사람의 마음을 알고 싶어 하고 사람을 연구합니다. 사람을 아는 사람은 아무도 없습니다. 사람들 틈에서 시간을 보내지만 사람이 그립습니다. 나의 말을 들어줄 사람이 없고 나의 마음을 품어줄 사람이 없고 나의 인생을 맡길 사람이 없습니다.

사랑도 미움도 사람에게서 나옵니다. 온 세상에서 가장 아름다운 것이 사람이지만, 제일 추한 것도 사람입니다. 사람의 마음을 돈으로 얻으려는 세상입니다. 사람을 사랑하면서 아파합니다. 어디까지 들어가야 할지, 어느만큼 열어야 할지 망설여집니다. 한 사람을 사랑하는 것이 온 우주를 사랑하는 것보다 힘듭니다. 사람을 미워하면서 힘들어 합니다. 사랑하는 것만큼 미워합니다. 마음에 있는 사람의 자리를 정리하기란 너무 어렵습니다.

주께서는 사람을 생각하십니다. 사람의 연약함도, 사악함도, 어리석음도 아십니다. 그럼에도 사람을 사랑하십니다. 끝까지 사랑하십니다. 주께서는 인자를 생각하십니다. 모든 자연을 사람을 위해 창조하셨습니다. 무조건적인 사랑으로 인자를 사랑합니다.

사람과 사람 사이에 무슨 일이 있었던 것일까요? 사람을 두려워하고 사람을 무서워하는 질병은 고칠 수 없는 것일까요? 사람 사이에 적당한 거리는 어느 정도일까요? 사람을 사랑하는 깊이는 왜 이토록 얕을까요?

오늘도 인생의 방향은 사람으로 향합니다. 사람은 결코 사람을 떠날 수 없습니다. 하나님께서 짝지어 준 사람들과 함께 살아야 합니다. 사람에게 필요한 것은 결국 사람입니다.

○ 하루 한 문장 읽기

사람은 사람에 기대어 삽니다.

○ 하루 한 문장 쓰기

주제: 사람

○

24
어른이 된다는 것

하나님의 은사와 부르심에는 후회하심이 없느니라

- 로마서 11:29

후회함이 없이 살기란 참 힘듭니다. 인생을 아무리 열심히 살아도 남는 것은 후회뿐입니다. 말을 지나치게 많이 했을 때도, 선택한 길이 잘못된 것 같을 때도 마음이 먹먹해지는 후회가 남습니다. 조금 더 사랑할 걸, 하며 후회합니다. 최선을 다하지 못한 과업 앞에서 후회를 만납니다. 상처받기 싫어서 머뭇거렸던 순간들, 오해가 쌓여 틀어져버린 사람들, 사무적인 만남으로 스쳐갔던 이들을 생각하면 후회가 밀려옵니다.

어른이 된다고 후회없는 삶을 사는 것은 아닙니다. 후회를 달게 받아들이는 사람이 어른입니다. 완벽하지 못하고 온전하지 못한 인생입니다. 어려움도 당하고 실패도 하면서 후회의 쓴맛을 보는 자가 어른입니다.

하지만 후회가 후회로 끝나면 안 됩니다. 후회에도 뜻이 있고 의미가 있습니다. 후회의 자리에서 곰곰이 점검해야 합니다. 실패를 반복할 수 있지만 같은 후회를 반복하는 것은 어리석습니다. 인생의 자산이 후회일 수 있습니다. 이왕 후회하는 것 뼈저리게 후회해야 합니다. 두고두고 깊이 새길 수 있게 만들어 놓아야 합니다.

하나님은 후회함이 없으신 분입니다. 나를 부르시고 나를 사랑하시는 동안 결코 실패하지 않으십니다. 하나님의 손에 내 인생을 맡겨야 합니다. 나의 후회가 하나님의 마음을 알아가는 도구가 되어야 합니다.

사람들은 실패한 것 때문에 후회하기보다 망설이다 하지 못한 일들에 더 많은 후회를 합니다. 인생이 아직 많이 남아 있습니다. 두려움은 껍데기입니다. 한 걸음 앞으로 나아갈 때마다 두려움은 물러가게 됩니다. 후회를 미리 생각하지 말아야 합니다. 어차피 인생은 모험입니다. 개척자의 정신으로 살아야 합니다. 우물쭈물 하다가 모든 것을 놓칠 수 있습니다. 인생은 우리를 힘들게 하지만 결코 실망시키지는 않습니다. 시도하고 도전하는 사람들의 편입니다. 아무것도 하지 않고 안전한 곳에서 익숙한 일들만 반복하는 것이 진짜 후회의 삶이 됩니다.

시베리아 같은 혹독한 계절을 지나고 있다면 큰일날 일이 아니라 축하 받을 일입니다. 무한한 세계가 나를 기다리고 있습니다. 전에는 보이지 않던 가능성들이 손짓합니다. 눈보라는 세차고 귀를 베는 듯한 바람은 무심하지만, 한 치 앞도 분간할 수 없는 눈보라 속에서 인생은 전진하고 또 전진합니다.

인생의 승부는 빨리 가는 것도 멀리 가는 것도 아닙니다. 올바르게 가는 것입니다.

○ 하루 한 문장 읽기

나의 후회가 하나님의 마음을 알아가는

도구가 되어야 합니다.

○ 하루 한 문장 쓰기

주제: 후회

○

25
지금은 이해
못하는 것이 있다

그러므로 어리석은 자가 되지 말고 오직 주의 뜻이 무엇인
가 이해하라

- 에베소서 5:17

지금은 이해하지 못하는 것이 있습니다. 아무리 생각해도 마음에 걸리는 것도 있습니다. 고난이 오는 이유가 무엇인지, 형통의 복이 찾아오는 이유가 무엇인지 알지 못합니다.

고통을 통해 아픔을 나눌 수 있다고 하지만 나에게 찾아오는 고통을 쉽게 이해하기란 불가능합니다. 죄 때문인가? 고민하게 됩니다. 반대로 갑자기 찾아오는 형통을 마냥 반가워하기란 어렵습니다. 부담스러운 복을 감당하기가 버겁습니다. 흘러보내

야 하는 사명이 있다고 하지만 누구와 나눠야 하는지 애매합니다. 쉽게 이해하고 넘기기엔 인생은 복잡한 의미가 있습니다. 희노애락의 길에서 길을 잃어버리기가 쉽습니다. 내가 걷는 이 길이 맞는 길인지 혼란스럽습니다.

세상에서 가장 힘든게 내가 나를 이해시키는 일입니다. 납득이 가지 않는 사람, 희미한 믿음, 근심이 가득한 소망, 계륵 같은 꿈들이 나를 이해하지 못하게 만듭니다.

주님의 뜻을 이해할 수 있을까? 주님의 말씀을 모두 알아 들을 수 있는건가? 주님의 삶을 과연 닮아갈 수 있을까? 십자가를 이해할 수 없듯이 인생의 고난도 이해하기 힘듭니다.

증상만 치료하는 세상에서 원인을 제거하기란 쉽지 않습니다. 돌고 돌아 다시 제자리로 오는 헛된 인생이 되지 않기 위해 몸부림치는 것이 인생입니다. 갑작스런 해고 통지서, 뜬금없는 이별, 받아들이기 힘든 질병, 학교에서의 억울한 소외, 불길한 만남과 불편한 관계들이 인생을 앞으로 나아가지 못하게 합니다.

지금 이해하려고 힘쓰지 말자. 이해할 수 없는 것들은 이해할 수 없는 것으로 남겨두자. 어차피 모든 걸 이해하는 것은 불가능합니다. 이것도 인생이라며 담담히 받아들입시다. 인생은 모호함의 연속이고 개연성의 필연입니다. 어떤 경계를 만들 필요는 없습니다. 오히려 경계선 위에서 살아가는 것이 인생입니다.

분명한 것은 나는 나의 인생을 이해하지 못해도 주님은 인생을 주관하신다는 사실입니다. 이해의 자리는 주님 안에 있습니다. 받아들일 수 없는 그것까지 감내하게 됩니다. 시간이 약일 수도, 독일 수도 있습니다. 결국은 내가 하기 나름입니다. 이해 못할 것들에 시간을 낭비하지 말고 주님의 뜻을 이해하려고 노력해야 합니다.

먼 훗날, 이해하지 못하는 시간 속에서 헤매었던 내 안에 주님이 계셨음을, 그분이 나를 가장 이해하는 분이심을 깨닫고 후회하지 않아야 합니다.

○ 하루 한 문장 읽기

이해 못할 것들에 시간을 낭비하지 말고
주님의 뜻을 이해하려고 노력해야 합니다.

○ 하루 한 문장 쓰기

주제: 주님의 뜻

2장

신앙은 인생에 함

달리는 고을 준다

신앙은 인생에 함

○

26
생명은 영원을 순간처럼 산다

아브라함이 이삭을 낳고 이삭은 야곱을 낳고 야곱은 유다
와 그의 형제들을 낳고

- 마태복음 1:2

살고 싶다. 살아야 한다. 살아내야 한다. 살아가는 날들이 삶을 만들어 갑니다. 생명이 있는 한 삶은 계속 이어져야 합니다.

삶과 죽음 사이에서 인생은 항상 생명을 선택합니다. 그 무엇보다 소중한 것은 삶입니다. 살아가야 할 의무와 특권이 인생에게 있습니다. 생명은 또 다른 생명으로 이어갑니다. 죽음이 죽음을 부르듯이, 생명은 생명을 통해 확장합니다. 고통이 오고절망이 노크해도 생명을 빼앗길 수는 없습니다.

삶을 무시하고 생명을 경시하는 세상입니다. 너무 쉽게 죽음을 선택하고 생명을 가볍게 여깁니다. 지금 숨을 쉬고 있는 것이 가장 큰 축복임을 잊고 삽니다.

하나님은 생명 안에 거하십니다. 숨을 쉬고 숨을 내보내는 그 지점에 계십니다. 오늘을 살아갈 수 있는 힘은 생명 안에 거하시는 하나님께 나옵니다. 하나님은 살아있는 자의 하나님이십니다. 사는 동안 하나님의 역사는 계속됩니다. 하나님은 결코 나의 생명을 포기하지 않으십니다.

죽어야 할 이유보다 살아야 할 이유가 많습니다. 미련 때문에 사는 것이 아닙니다. 꿈을 꾸기 때문에 사는 것입니다. 인생은 사명으로 삽니다.

아브라함은 생명의 근원이 됩니다. 그를 통해 이 땅에 생명이 번성하고 예수가 옵니다. 생명에 은혜가 깃듭니다. 생명을 붙잡고 있는 인생을 통해 은혜가 흐릅니다.

죽고 싶을 때, 죽음으로 몰아갈 때, 생명의 빛이 보이지 않을 때, 그때 살아갈 이유가 시작됩니다. 포기하지 말아야 합니다. 다 빼앗겨도 생명을 빼앗기지 않는 한 다시 시작할 수 있습니다.

예수는 생명으로 죽음을 이기신 분입니다. 예수가 나의 주님이신 이유는 생명의 근원이시기 때문입니다. 그분의 십자가

신앙은 달리는 인생에 고요함을 준다

의 길이 영생으로 가는 길이 됩니다. 그는 내가 살아야 할 이유를 가르쳐 주신 분입니다.

오늘은 분명히 어제와 다른 삶입니다. 인생은 80년을 사는 것이 아니라 오늘이란 하루를 매일 사는 것입니다. 오늘을 잃어 버리면, 오늘을 가볍게 생각하면, 오늘을 쉽게 놓치면 남은 인생도 똑같이 살게 됩니다.

생명은 영원을 순간처럼 삽니다. 인생은 한 번의 생으로 영생이 결정됩니다. 우리가 살아야 하는 삶을 사랑하며 삽시다.

○ **하루 한 문장 읽기**

생명은 영원을 순간처럼 삽니다.

○ **하루 한 문장 쓰기**

주제: 생명(1)

○

27
날카로운 비수

하나님은 죽은 자의 하나님이 아니요 산 자의 하나님이시
라 너희가 크게 오해하였도다

- 마가복음 12:27

인생은 생명입니다. 산 자들이 살아갑니다. 살아있지만 죽
은 자들도 많습니다. 숨만 쉰다고 산 것은 아닙니다. 날카로운
비수가 폐부를 찔러도 감각이 죽은 사람이 있습니다. 슬퍼하지
도 아파하지도 않고 어떻게 시대를 살아갈 수 있단 말입니까?

꿈이 산산조각 나고 벼랑 끝에 서야 비로소 살아있음을 느끼
는 아이러니가 바로 인생입니다. 연어처럼 물살을 거슬러 올라
가는 것이 살아있음입니다. 똑같은 하루는 없습니다. 똑같이 살

신앙은 달리는 인생에 고요함을 준다

아가려는 인생만 있습니다. 자연은 모든 것을 변화시킵니다. 만물 중에 똑같은 것은 없습니다.

산 자를 죽은 자에서 찾을 수 없습니다. 죽은 자는 산 자들 속에 낄 수 없습니다. 하나님은 살아계십니다. 살아있는 사람과 자연 속에 계십니다. 생명은 하나님께로부터 와서 하나님께 갑니다. 인생은 하나님을 만나야 살 수 있습니다.

생명의 근원되신 하나님으로부터 삶의 의욕을 얻을 수 있습니다. 호흡은 하나님의 손에 달려 있습니다. 죽은 자들이 세상을 지배하는 듯합니다. 어둠은 짙고 빛은 희미합니다. 살아있는 모든 것들이 마치 숨을 멈추고 있는 듯합니다.

하나님의 은혜는 생명입니다. 회복과 치유는 언제나 생명의 기운을 불어넣어 줍니다. 인생이 소망을 얻을 수 있는 이유는 하나님의 생명 덕분입니다.

죽음이 우리를 속입니다. 모든 것이 끝이라고 속삭입니다. 절망의 나락에서 날개가 없다고 거짓을 말합니다. 쉽게 포기하는 인생을 만듭니다.

하나님은 생명입니다. 하나님께로 돌아가야 합니다. 희망이 보이지 않을수록 더욱 돌아가야 합니다. 죽음이 결코 끝이 아님을 깨달아야 합니다.

살아야 하고, 살아가야 하고, 살아내야 합니다. 이것이 인생입니다. 모든 것이 끝이라고 소리쳐도 하나님이 끝이라고 하실 때까지는 기필코 살아야 합니다.

　오늘을 사는 사람에게 희망이 있습니다. 오늘을 살아내는 인생에게 소망이 있습니다. 오늘을 살아야 할 인간이 미래의 주인입니다.

○ 하루 한 문장 읽기

똑같은 하루는 없습니다.

똑같이 살아가려는 인생만 있습니다.

○ 하루 한 문장 쓰기

주제: 생명(2)

○

28
약속은 사명과 함께 온다

그가 이같이 오래 참아 약속을 받았느니라

- 히브리서 6:15

응답의 마지막 관문은 기다림입니다. 얼마나 오래 기다려야 약속을 받을지 아무도 모릅니다. 참고 견디는 것은 생각보다 쉽지 않고 깁니다.

어떤 약속을 받았는지 알아야 합니다. 무턱대고 기다리는 것이 상수는 아닙니다. 받지도 않은 약속을 기다리는 것처럼 어리석은 일은 없습니다. 약속에 대한 간절함이 기다림을 버티게 합니다. 무언가를 받고자 하는 마음에는 사무침이 있어야 합니다. 사모하는 심령에 약속이 주어집니다.

기다림의 줄은 참음에 있습니다. 마지막까지 참는 사람은 많지 않습니다. 처음에는 환경과 싸우고 나중에는 자신과의 싸움에서 이겨야 합니다.

하나님은 신실하신 분이십니다. 한번 약속하신 것을 잊지 않으십니다. 반드시 복을 주시는 분입니다. 다만 하나님의 약속은 나의 생각의 때에 오지 않습니다. 소중함을 배우고 받은 것을 감사하고 작은 자들에게 나눠주는 마음이 들 때까지 하나님도 기다리십니다. 나의 기다림과 하나님의 기다림이 만날 때 응답은 이뤄집니다.

오래 참는 시간은 상대적인 느낌이 들게 합니다. 나보다 다른 이들의 응답이 빨리 되는 것 같은 착시현상을 경험하기도 합니다. 늦었다고 생각할 때가 가장 빠르다는 말을 붙잡아야 합니다. 하나님은 결코 늦지 않으십니다. 오히려 소중한 것은 늦게 옵니다.

약속은 응답에 있지 않음을 배워야 합니다. 물론 응답받는 것도 중요합니다. 그러나 하나님은 약속을 통해 인생을 만나고 싶어 하십니다. 진짜 응답은 하나님을 만나는 것이기 때문입니다. 오래 참고 기다리는 동안 약속하신 하나님을 깊이 묵상해야 합니다. 응답을 받는 것보다 응답하시는 하나님의 마음을 아는

신앙은 달리는 인생에 고요함을 준다

것이 더 중요합니다.

약속은 항상 사명과 함께 옵니다. 하나님의 소원이 약속에 담겨 있습니다. 복의 비밀은 풍요에 있는 것이 아니라 쓰임에 있습니다. 복의 통로가 되는 것입니다.

하나님을 신뢰하십니까? 그만큼 받게 됩니다. 나를 신뢰하지는 않는지요? 그만큼 기다리게 됩니다. 뜨거운 열망과 함께 차가운 의지가 필요합니다.

기다림에 익숙할 때 약속은 밀물처럼 다가옵니다. 오래 참음의 끝자락에 약속은 노을처럼 내려앉습니다.

○ 하루 한 문장 읽기

하나님은 약속을 통해 인생을 만나고 싶어 하십니다.

○ 하루 한 문장 쓰기

주제: 하나님의 약속

29

신앙은 달리는 인생에
고요함을 준다

그리스도께서 우리를 자유롭게 하려고 자유를 주셨으니
그러므로 굳건하게 서서 다시는 종의 멍에를 메지 말라

- 갈라디아서 5:1

　　신앙은 우리를 숨막히게 하지 않습니다. 예수가 우리의 목을 조르지도 않고, 하나님이 도끼눈을 하고 죄의 목록을 작성하지도 않습니다. 나를 숨막히게 하는 자는 나입니다. 언제나 바른 사람으로 살아야 한다는 강박이 나의 목을 누르고 있습니다.

　　일상의 삶은 소중합니다. 최선을 다해서 살아야 합니다. 다만 그 최선이 인생의 자유를 억압하면 안 됩니다. 인생은 은혜로 사는 것임을 명심해야 합니다.

달리는 말에는 채찍이 필요하지만, 최선을 다하는 인생에는 여유가 필요합니다. 내일로 미루는 게 무조건 잘못된 건 아닙니다. 당장의 사역에 붙잡혀 사는 인생이지만 당연히 해야 할 일을 잠시 뒤로 미루는 것도 필요합니다. 산들도 붉게 물들어 가는데 사람도 항상 푸를 수만은 없는 노릇입니다. 적당히 타협하라는 말이 아닙니다. 어물쩍 넘어가란 말도 아닙니다. 내가 메고 있는 멍에를 자세히 볼 시간이 필요합니다. 인생은 누구나 멍에가 있습니다. 스스로 벗어날 수 없는 철길 같은 무거운 삶이 있습니다. 이 길을 벗어날 수는 없지만 잠시 멈추고 숨을 고를 수는 있습니다.

신앙은 달리는 인생에게 고요함을 줍니다. 잠잠히 예수 앞에서 자신을 들여다 볼 수 있는 믿음을 주고, 아무리 노력해도 바꿀 수 없는 것들을 고쳐주는 은혜를 부어줍니다.

신앙을 위한 신앙을 하는 사람이 많습니다. 교리에 묶이고 계명을 두려워하고 인본주의에 속는 사람들이 적지 않습니다. 예수가 자유를 주었는데 믿음이 좋다는 사람들일수록 자유를 반납합니다. 자유가 얼마나 소중한지를 깊이 생각하지 못한 채 단지 자유를 동경합니다.

지금 당신은 어디에 서 있습니까? 자유의 자리인가요, 종의 자리인가요? 독립된 주체로서 나의 삶을 살고 있습니까? 나의 삶의 가치와 목적을 스스로 결정하고 책임지고 있습니까?

신앙이란 명목으로 나를 더이상 괴롭히지 말아야 합니다. 예수 안에서 삶이 변화되는 것과 나를 괴롭히는 것은 다릅니다. 나는 나를 변화시키지 못합니다. 나를 내버려두어야 합니다. 더이상 목을 조르며 윽박지르지 말아야 합니다. 예수가 내 마음에 찾아올 때까지 기다려야 합니다.

신앙은 인생의 숨소리가 평화롭고 고르게 나도록 합니다.

○ 하루 한 문장 읽기

신앙은 인생의 숨소리가 평화롭고 고르게 나도록 합니다.

○ 하루 한 문장 쓰기

주제: 신앙

신앙은 달리는 인생에 고요함을 준다

○

30
입맞춤

예수께 입을 맞추려고 가까이 하는지라 예수께서 이르시되
유다야 네가 입맞춤으로 인자를 파느냐 하시니

- 누가복음 22:48

입맞춤으로 얼마나 많이 예수를 팔았는가? 나의 이익을 위해 기꺼이 예수께 입을 맞춥니다. 절대 고독의 밤에 예수와 나는 함께 있었습니다. 예수의 길과 나의 길이 다른 이유가 무엇입니까? 십자가의 길과 성공의 길은 입맞춤으로 나뉩니다. 좁은 길과 넓은 길의 간극은 코 앞에 있습니다.

거친 숨소리가 들립니다. 예수께 입맞추려고 다가가는 유다의 숨결이 나의 욕망입니다. 예수께 가까이 가는 나의 모습은 거

룩이 아니라 탐욕입니다. 지나온 시절이 입맞춤으로 판명이 납니다. 예수를 따랐던 이유가, 예수의 말씀에 순종한 이유가 무엇인지 분명하게 보입니다. 결국 나를 위한 믿음이었습니다.

고요한 숨소리가 귓가에 맴돕니다. 주님은 자신을 팔아넘기기 위해 다가오는 유다의 입맞춤에 기꺼이 응하십니다. 긍휼의 마음으로 유다를 품으십니다. 지난 밤 유다의 발을 씻기신 주님께서 나의 발도 씻기 위해 말없이 입맞춤을 하십니다.

예수를 사랑한다는 말은 무슨 의미인가요? 당신이 나를 위해 더 희생하라는 뜻은 아닌가요? 예수만이 나의 소망이란 말은 어떤 의미인가요? 나를 위해 당신이 더 헌신하라는 의미는 아닌가요? 예수는 판촉물이 아닌데 자꾸만 예수를 팔아 나의 배를 채우려 합니다. 예수는 자동판매기가 아닌데 나는 자꾸 뭔가를 달라고만 합니다.

예수께 가까이 가려는 이유가 무엇입니까? 예수께 입맞추려는 의도가 무엇입니까? 내가 당신을 위해 얼마나 많은 노력을 했는지를 말하려는 것은 아닌가요? 내가 당신을 위해 평생 얼마나 헌신했는지를 가르치려는 것은 아닌가요? 유다는 한 번의 입맞춤으로 끝났지만, 나는 매일 예수께 입맞추고 있습니다. 사랑한다는 미명으로 예수를 팔아 나의 이득을 남기려 합니다.

예수의 입맞춤으로 나의 평판을 높이려 합니다. 다른 사람들에게 인정받으려고 합니다. 예수를 사랑하는데, 예수는 사라지고 나의 체면이 앞에 섭니다.

입맞춤으로 십자가를 질 수 없습니다. 입맞춤으로 좁은 길을 갈 수 없습니다. 입맞춤으로 섬김의 자리에 내려가지 못합니다. 예수의 눈이 나를 바라보고 계십니다. 예수께 입을 맞추기 전에 나의 발을 씻어야 합니다. 예수께 가까이 다가가기 전에 내 안에 있는 유다를 고발해야 합니다.

그럼에도 인생은 예수와 입을 맞춰야 살 수 있습니다. 이 세상에서 가장 고결하고 아름다운 입맞춤을.

○ 하루 한 문장 읽기

인생은 예수와 입을 맞춰야 살 수 있습니다.

○ 하루 한 문장 쓰기

주제: 고결한 입맞춤

○

31
인생이란 질병

그러나 내가 이스라엘 가운데에 칠천 명을 남기리니 바
알에게 무릎을 꿇지 아니하고 다 바알에게 입맞추지 아니
한 자니라

- 열왕기상 19:18

인생에서 소외는 참을 수 없는 질병입니다. 나만 고생하고
있다는 착각, 나만 희생하고 있다는 오해가 마음을 병들게
합니다.

치열한 싸움의 한복판에서 인생은 서로를 위해 싸우고 있음
을 항상 기억해야 합니다. 최전방에서 나만 혼자 있는 것이 아
닙니다. 사랑하는 사람들이 보이지 않을 때 인생의 위기는 찾아
옵니다. 죽도록 고생할 때 혼자라는 생각이 듭니다. 하지만 나

와 함께 울고 웃는 이웃이 반드시 있습니다.

열심히 일할수록 조심해야 하는 것이 있습니다. 최선을 다할수록 깊이 생각해야 합니다. 수고의 힘을 다할 때마다 기억해야 하는 것이 있습니다. 나 혼자라는 유령을 벗어나야 합니다. 나만 사역하고 있다는 매임에서 자유해야 합니다. 빗발치는 총알에 나만 맞고 쓰러지는 것이 아님을 기억해야 합니다.

인생은 언제나 개척입니다. 삶의 자리에서도, 사역의 현장에서도, 사랑하는 순간에도, 꿈을 꾸는 시간에도 새롭게 시작하는 도전 정신이 필요합니다. 척박한 땅일수록, 기경되지 못한 땅일수록 견디고 버티는 인고의 힘이 필요합니다.

나 혼자라니, 어불성설입니다. 엘리야는 자신만을 생각했습니다. 이스라엘에 자신만 혼자 남았다고 착각했습니다. 하나님 편에 있는 자는 오직 자신만 남은 줄 알았습니다. 그런 생각이 들 수는 있지만 그렇게 믿으면 큰일입니다.

하나님 편에 선 자들을 남겨 두시는 그분의 마음을 헤아려야 합니다. 필요할 때만 우리를 쓰시는 분이 아니십니다. 우리를 위해 그분이 먼저 일하십니다.

힘들고 지칠 때마다 생각하십시오. 칠천의 사람들이 있음을 기억하십시오. 바알에게, 세상에게 입맞추지 않는 사람들이 있음을 믿어야 합니다.

새벽 미명에도 별은 혼자 있지 않습니다. 무명의 별들이 함께 모여 마지막까지 새벽을 지킵니다. 오늘이란 인생을 나 혼자 여는 것이 아닙니다. 나 자신만을 바라보는 눈을 가지고 있으면 왜곡된 세상에 살게 됩니다.

호흡을 깊이 하십시오. 하나님은 나를 혼자 남겨놓지 않으십니다. 하나님은 항상 내 곁에 계십니다.

○ 하루 한 문장 읽기

인생에서 소외는 참을 수 없는 질병입니다.

○ 하루 한 문장 쓰기

주제: 소외

신앙은 달리는 인생에 고요함을 준다

○

32
싱거운 사랑이 오래간다

그러므로 모든 더러운 것과 넘치는 악을 내버리고 너희 영
혼을 능히 구원할 바 마음에 심어진 말씀을 온유함으로 받
으라

- 야고보서 1:21

자극적인 세상입니다. 말초신경을 자극하는 것들로 넘쳐나
지만 이를 이기는 본성은 없습니다. 눈이 머물고 마음이 가게
됩니다.

유혹은 더러움에서 오는 것이 아니라 자극적인 것에서 옵니다.
신문기사도 눈에 띄는 제목이 필요하고, 노랫말도 밋밋하면 들
리지 않습니다. 마음을 혼란케 하는 것들이 정상이 되었습니다.
어설픈 막장은 씁쓸한 웃음만 나오게 합니다. 마음을 흔들고,

마음을 무디게 만듭니다. 언제 웃어야 할지 언제 울어야 할지 망각된 세상입니다.

싱거운 사랑이 오래갑니다. 사랑에 조미료가 너무 많습니다. 남자는 감각의 욕구를 채우려 하고 여자는 욕망의 갈증을 풀려고 합니다. 모두가 자극적인 사랑을 하고 있습니다. 순수함이 바보가 됩니다. 손해보고 희생하는 것은 미친 짓입니다. 악착같이 살아야 하고, 미친 듯이 돈을 모아야 합니다. 억울하면 출세해야 하는데 그러지 못하니 악만 남습니다.

나의 영혼이 서서히 마릅니다. 세상의 아픔이 마음에 닿지 않고 가난과 싸우는 사람들을 외면합니다. 정의를 붙잡는 사람들을 창피하게 생각합니다. 도시는 복잡하고 세상은 미친 듯이 돌아갑니다. 나의 고독을 위한 시간은 없습니다.

긴 한숨이 나오고 메마른 마음은 배고픔도 잊습니다. 인생아 달려라, 달리고 달려라. 외치고 외쳐보지만 늘 제자리입니다. 내 영혼의 고요함이 필요한 시간입니다. 인생은 행사가 아닙니다. 어떤 성과를 도출하는 세일 기간도 아닙니다. 이 우주에서 나는 오직 하나입니다. 나의 영혼도 하나입니다.

야고보 선생은 말씀으로 온유함을 채우라 하십니다. 예수가 나의 마음을 채울 수 있습니다. 내 영혼이 온유함으로 채워질 때 세상이 주는 자극을 멈출 수 있습니다.

신앙은 달리는 인생에 고요함을 준다

떠나는 자의 여유는 다시 돌아올 수 있는 자리가 있기 때문에 생깁니다. 돌고 돌아 다시 제자리에 옵니다. 내 영혼의 고향은 예수 자리입니다. 오랜 시간을 버틸 수 있는 힘을 키워야 합니다. 길게 가는 방법을 배워야 합니다. 젊음은 한때이고, 청춘은 금새 갑니다. 인생은 자극으로만 살 수 없습니다.

언제나 소중한 것은 가장 늦게 옵니다.

○ 하루 한 문장 읽기

내 영혼이 온유함으로 채워질 때
세상이 주는 자극을 멈출 수 있습니다.

○ 하루 한 문장 쓰기

주제: 온유함

○

33
끝까지 가는 사랑

유월절 전에 예수께서 자기가 세상을 떠나 아버지께로 돌
아가실 때가 이른 줄 아시고 세상에 있는 자기 사람들을 사
랑하시되 끝까지 사랑하시니라

- 요한복음 13:1

사랑이 그리운 계절입니다. 마음을 따뜻하게 하는 사랑이
그립습니다. 부족하지만 서로에게 위로가 되는 사랑 말입니다.

헌데 지금은 사랑이 조건이 되는 세상입니다. 사랑이 상품
이 되어 사고 파는 세상이 되었습니다. 사랑에 아무런 감동이
없습니다. 사랑이 도대체 어디로 사라진 것일까요? 자신을 비
우는 사랑은 고전이 되었습니다. 가짜 사랑, 무지한 사랑, 이기
적인 사랑만이 우리 곁에 있습니다. 사랑앓이를 한 것이 언제였

신앙은 달리는 인생에 고요함을 준다

나 생각해 봅니다.

사랑은 추억 속에 갇혀 있습니다. 희미한 사랑의 기억을 붙잡고 한숨을 쉽니다. 사랑에 울고 사랑에 웃는다는 김현식의 노래가 그리울 뿐입니다. 사랑이 너무 쉽게 끝납니다. 헤어지는 것이 일상이고, 그렇게 하는 게 쿨하게 보입니다. 사랑은 마지막까지 남는다는 명제는 퇴색했습니다.

예수의 사랑은 끝까지 가는 사랑입니다. 자신을 부인하고 자신을 팔아버릴 제자들의 발을 씻어주는 사랑입니다. 약한 자의 발을 씻어주는 사랑, 배신자의 발을 씻어주는 사랑, 고난을 홀로 감당하는 자의 사랑입니다. 사랑은 결코 변하지 않는 보석임을 보여주십니다. 예수의 사랑은 너무 고결하여 따라갈 수 없는 것일까요? 아닙니다. 이 땅에는 예수의 사랑이 필요하고, 그 일을 위해 그리스도인을 부르셨습니다. 하나의 몸짓을 위해 모두의 참여가 필요한 것입니다.

사랑은 옛사랑이 아닙니다. 언제나 현재 진행형입니다. 과거의 사랑에 붙잡혀 있지 않고 현재의 사람을 사랑합니다. 사랑하다 지쳤나요? 아직 사랑한 게 아닙니다. 사랑하다 울었나요? 지금 사랑하고 있습니다. 사랑은 신비로워서 한쪽만이 사랑할 수 없습니다.

사랑이 변질되었다고 말하는 사람들이 변질된 것입니다. 사랑은 그대로의 사랑입니다. 사랑을 이용하는 사람들이 안타까울 뿐입니다. 끝까지 사랑을 받지 못한 사람들이 사랑을 힘들게 합니다. 사랑을 멍들게 하고 사랑을 받지 못하도록 마음의 문을 닫게 합니다.

예수의 사랑을 받아야 합니다. 세상이 이해할 수 없는 무조건적인 사랑을 통해 나를 사랑하게 됩니다. 나도 나를 끝까지 사랑하지 못하지만 예수는 하십니다.

사랑이 그립습니다. 나에게 다가오는 사랑을 알아볼 수 있는 은혜를 구합니다. 나도 예수처럼 끝까지 사랑할 수 있는 사람이 되고 싶습니다. 모든 사랑에는 실패가 없습니다.

○ **하루 한 문장 읽기**

모든 사랑에는 실패가 없습니다.

○ **하루 한 문장 쓰기**

주제: 사랑(1)

신앙은 달리는 인생에 고요함을 준다

o

34
사랑은
기능이 아니라 기술이다

내가 내게 있는 모든 것으로 구제하고 또 내 몸을 불사르
게 내줄지라도 사랑이 없으면 내게 아무 유익이 없느니라

- 고린도전서 13:3

사랑은 열의가 아니라 기술에 있습니다. 의욕이 넘치는 사
랑은 상대를 불편하게 합니다. 내 방식으로 사랑하게 됩니다.

사랑은 혼자 하는 것이 아닙니다. 나의 만족을 위해 사랑하
면 큰일입니다. 나의 헌신, 나의 배려, 나의 정성, 나의 구제는
사랑이 아닙니다. 내가 드러나는 사랑은 잘못된 사랑입니다. 사
랑이란 상대가 원하고 필요한 것을 상대의 방식으로 하는 것입니
다. 상대의 만족과 행복을 위해 사랑을 합니다.

사랑은 날마다 전진하는 것이 아닙니다. 때로는 물러날 줄도 알고 기다릴 줄도 알아야 합니다. 사랑은 서로에게 아름다워야 합니다.

자신을 불사르며 사랑해야 합니다. 그러나 너무 불태우지는 말아야 합니다. 한 편이 너무 일찍 타버리면 조화가 깨지게 됩니다. 자신을 모조리 내줘야 합니다. 그러나 상대가 받을 준비가 되도록 천천히 주어야 합니다.

사랑이란 무엇일까요? 사랑은 어떻게 준비하는걸까요? 사랑의 정체는 무엇일까요? 당신은 사랑을 할 준비가 되어 있나요?

사랑은 퍼즐과 같습니다. 모두를 채워도 하나가 부족하면 미완성이 됩니다. 사랑은 완성을 이루는 것이 아니라 그 과정을 함께하는 것입니다.

완벽한 사랑은 없습니다. 온전한 사랑을 함께 이뤄가는 것입니다. 사랑은 비교하는 것이 아닙니다. 둘만의 사랑이 있을 뿐입니다. 너에게로 가는 내가 있을 뿐입니다.

사랑합시다. 인생을 행복하게 만드는 것은 사랑입니다. 역경을 이겨 나가게 하는 것도 사랑입니다. 절망 중에 소망을 보게 하는 것 역시 사랑입니다.

피폐한 인생에 사랑을 심으십시오. 곤고한 삶에 사랑의 나

신앙은 달리는 인생에 고요함을 준다

무를 키우십시오. 깊은 어둠 뒤로 사랑의 빛이 들어옵니다. 오
늘도 인생은 사랑으로 삽니다.

하루 한 문장 읽기

사랑은 완성을 이루는 것이 아니라

그 과정을 함께하는 것입니다.

○ 하루 한 문장 쓰기

주제: 사랑(2)

○

35
사랑이 지칠 때

사랑아 네가 어찌 그리 아름다운지, 어찌 그리 화창한지
즐겁게 하는구나

- 아가서 7:6

사랑은 피곤을 물리칩니다. 조급한 마음에 영의 산소를 공급합니다. 잠깐의 쉼을 주고 눈을 밝게 합니다.

완벽을 요구하는 세상에 아량을 불어넣어 줍니다. 사랑이 없으면 인생은 사물입니다. 관계는 거래가 되고 효율로 사람을 평가합니다.

아름다움은 사랑에 깃듭니다. 넉넉한 마음으로 단순함을 찬양합니다. 복잡한 조건이 아니라 단지 그 사람이 좋아집니다.

앞뒤를 따지는 것은 사랑이 아닙니다. 시간이 멈춘 듯 오직 현재만을 갈망합니다. 붙잡고 싶은 것은 오직 사람입니다.

어두운 마음에 사랑의 빛이 들어와야 합니다. 앞만 보고 달리는 인생은 사랑이 필요합니다. 사역의 완수는 깔끔한 마무리가 아니라 사랑하는 사람을 얻는 것입니다.

사랑은 사람들의 틈을 타고 들어옵니다. 연약함과 부족함을 나무라지 않습니다. 사랑은 약함을 강하게 만드는 것이 아닙니다. 오히려 약함 안에 있는 진심을 보게 합니다.

사랑은 싸워서 이기는 도구가 아닙니다. 다툼을 멈추게 하는 것입니다. 상대를 제압하는 것이 아니라 상대를 진심으로 이해하는 것입니다.

사랑에는 즐거움이 있습니다. 혼자만이 아니라 모두가 함께 즐거워하는 기쁨이 담겨 있습니다. 사랑을 만나면 웃게 됩니다.

사랑이 없는 세상에서 사랑을 찾는 것은 어렵습니다. 왜냐하면 사랑은 인생의 마음에 있기 때문입니다. 사랑을 찾아나서기 전에, 내 안에 있는 사랑과 먼저 만나야 합니다.

사랑은 잃어버린 나를 찾게 합니다. 그 순수했던 밝은 마음을 기억하게 합니다. 혼탁한 세상에서 맑은 영혼을 만나게 합니다. 무거운 삶에서 가뿐하고 가벼운 삶을 배우게 합니다.

사랑합니다. 이 한마디가 필요한 세상입니다.

○ 하루 한 문장 읽기

사랑은 잃어버린 나를 찾게 합니다.

○ 하루 한 문장 쓰기

주제: 사랑(3)

신앙은 달리는 인생에 고요함을 준다

○

36
사랑함으로

모든 것을 참으며 모든 것을 믿으며 모든 것을 바라며 모든
것을 견디느니라

고린도전서 13장 7절 말씀에 '모든 것'이 4번 나옵니다. 누구
도 할 수 없는 것인지도 모릅니다. 사랑은 그렇게 우리 삶에 가
깝고도 멉니다.

사랑을 꿈꿉니다. 사랑을 만납니다. 사랑이 깊어 갑니다. 그
리고 사랑이 식습니다. 모든 것을 이루는 사랑이 있을까요?

사랑은 모험입니다. 시도할 수 있는 사랑이 있기에, 사랑하
는 이들에게 불이 붙습니다. 목숨을 걸기도 하고, 그냥 떠나기

도 합니다. 하나부터 열까지 완벽한 사랑은 없습니다. 그럼에도 사랑은 완벽을 지향합니다. 끊임없이 도전하게 만듭니다.

사랑은 아무도 모릅니다. 한 조각의 일부를 알 뿐입니다. 더욱이 사랑은 아픔을 통해 성숙합니다. 상대방이 변하기를 바라는 것보다 내가 변하는 것이 더 쉽습니다. 사랑은 이렇듯 자기 희생이 따릅니다. 기꺼운 마음으로 사랑을 받아들입니다. 무모할 것 같은 일에 뛰어듭니다. 사랑은 지금에 올인합니다.

사랑하기 전에, 사랑한 후에도 우리는 질문해야 합니다. 참을 수 있는가? 믿을 수 있는가? 바라볼 수 있는가? 견딜 수 있는가? 4가지 질문 앞에 정답은 없습니다. 결국 사랑은 각자의 몫입니다. 자기 사랑만큼 전진하는 것입니다.

열정도, 사명도, 꿈도, 가치관도, 의미와 보람도, 미래의 희망도, 사랑에서 시작합니다. 사랑에서 끝납니다. 인생은 사랑입니다. 밥을 먹고 사는 것이 아닙니다. 사랑을 먹고 사는 것입니다. 육신이든, 영혼이든 사랑을 받아야 빛이 납니다.

사랑에는 기준도, 조건도 없습니다. 사랑에 커트라인이 있다면 가짜 사랑입니다. 사랑에는 1차, 2차 시험도, 면접도 없습니다.

사랑은 벼락같이 옵니다. 마음에 불쑥 찾아옵니다. 아무리 준비를 많이 했어도 사랑은 그렇게 찾아옵니다.

모든 것. 이 말은 사물이 아닙니다. 사연도 아닙니다. 현상도 아닙니다. 바로 자기 자신입니다.

모든 것을 내주는 사람이 사랑을 합니다. 십자가의 사랑이 이런 사랑입니다. 모든 것을, 모든 이에게 주는 사랑.

사랑은 그리움을 뛰어넘습니다. 바보같이 혼자 사랑하지 마십시오. 사랑하고 싶다면 목숨을 걸어야 합니다. 결코 후회하지 않을 것입니다.

○ 하루 한 문장 읽기
모든 것을 내주는 사람이 사랑을 합니다.

○ 하루 한 문장 쓰기
주제: 사랑(4)

37
마음에
가득한 것이 무엇인가?

너희 중에 누가 염려함으로 그 키를 한 자라도 더할 수 있
겠느냐

- 마태복음 6:27

세상에 쓸모없는 인생은 한 명도 없습니다. 누구나 아름답
고 소중한 인생입니다. 내 마음에서 가장 멀리 있는 사람도 사
실은 귀한 분입니다.

세상에 불필요한 인생은 한 명도 없습니다. 각자의 삶에서
꼭 알맞게 살아가고 있습니다. 그 사람이 있기에 오늘도 세상은
살아 숨쉬고 있습니다.

세상에 낭비되는 시간은 없습니다. 거칠게 살아가는 시간

신앙은 달리는 인생에 고요함을 준다

속에서 창조의 아름다움이 쌓입니다. 헛되게 산 인생은 없습니다. 나와 같은 삶은 이 땅에 없기 때문입니다.

내 안에 있는 모든 것들이 소중합니다. 약함도, 상함도, 연약함도, 무능함도, 실패의 쓴맛도, 친구의 배신도, 배우지 못한 것도, 꿈을 상실한 것도 나를 만드는 아름다운 일들입니다.

염려는 나를 제대로 보지 못하게 합니다. 염려는 나의 마음을 갉아먹습니다. 염려는 내 마음에 절망을 심고 포기가 자라게 합니다. 염려는 인생에 가장 무서운 적이며 친구입니다. 예수는 염려에 대한 경고의 말씀을 하십니다. 나의 의지로는 이길 수 없는 것임을 말합니다. 염려는 맡기는 것입니다. 예수께 맡길 때 묶임에서 해방됩니다.

공중에 나는 새를 바라보라고 하십니다. 하나님께서 만드신 자연이 어떻게 움직이는지 묵상하라고 하십니다. 염려를 통해서는 아무것도 이룰 수 없음을 가르칩니다.

인생의 기준을 바꾸는 것이 염려를 없애는 방법이 됩니다. 내 중심에서 예수 중심으로 바꿔야 합니다. 당장의 이익이 아니라 내일의 유익을 위해 살도록 기준을 조정해야 합니다. 피곤한 인생입니다. 무력하고 무능한 삶이라 생각할 수 있습니다. 그럼에도 인생은 다시 일어서는 것, 새롭게 시작하는 오늘이 있습니다. 내일 일은 내일이 염려할 것입니다.

나는 오늘 꼭 필요한 사람입니다. 나의 일들이 세상을 밝게 합니다. 나의 인생의 전환점은 오늘입니다. 나를 나 되게 하는 시간을 사랑합시다. 염려가 바뀌어 감사가 되게 하십시오. 살아 숨 쉬는 동안 염려하며 살 테지만 그 염려로 인해 나를 더 사랑하게 되고, 예수를 더 깊이 만나는 축복을 누릴 수 있습니다.

염려는 물리치는 것이 아니라 품고 가는 것입니다. 염려하고 있다면 살아있다는 것입니다. 염려를 선용하는 인생이 되어야 합니다. 내 인생의 친구 목록에 염려를 추가합니다.

○ 하루 한 문장 읽기
염려는 물리치는 것이 아니라 품고 가는 것입니다.

○ 하루 한 문장 쓰기
주제: 염려

신앙은 달리는 인생에 고요함을 준다

○

38
슬픔을 참는 법

우리의 연수가 칠십이요 강건하면 팔십이라도 그 연수의 자
랑은 수고와 슬픔뿐이요 신속히 가니 우리가 날아가나이다

- 시편 90:10

소중한 것들은 신속히 갑니다. 인생의 힘으로 붙잡아 놓을
수가 없습니다. 오늘도 눈을 뜨면 안녕을 말하는 것이 있습니다.
이별을 통보 받기 전에 슬픔을 참는 법을 배워야 합니다. 아픔에
익숙하기 전에 고통을 이해하는 법을 배워야 합니다.

나의 자랑이 수고와 슬픔임을 알 때 비로소 참된 보물을 깨닫
게 됩니다. 소소한 일상에서 만나는 모든 것이 내 인생의 보물
임을 알게 됩니다. 약한 것이 강한 것을 이기고 큰 자가 작은 자

를 섬기는 하늘의 법칙이 보배입니다. 나로 인해 세상이 한 걸음 진보하고 밝아지는 것이 보배입니다.

세월을 이기는 사람은 없습니다. 시간을 지배하며 사는 이도 없습니다. 나이를 먹는 것이 아름다운 슬픔이며 시대를 살아가는 감사의 노래입니다. 마음이 강건해야 합니다. 육신이 건강해야 합니다. 시대의 어둠과 싸울 수 있는 것은 밝음입니다. 스스로에게 속지 않기 위해서는 진심을 배워야 합니다.

하나님의 시간을 사는 인생이 복됩니다. 인생의 시간은 유한하지만 하나님의 시간은 무한합니다. 영원의 짧음이 인생의 긴 시간을 이깁니다. 이 땅을 떠나기 전에 마지막으로 담고 가는 것이 무엇일까요? 눈을 감는 마지막 순간에 사랑하는 이를 담고 간다면 얼마나 행복할까요? 부질없는 인생 같아도 우리의 연수는 영원히 갑니다.

아직 남아있는 시간이 있기에 인생은 언제나 희망입니다. 꿈도 없이 길게 사는 것보다 사명으로 불타는 인생이 되어야 합니다. 건강이 최고지만 믿음이 없다면 허망합니다.

세월은 인생의 선생입니다. 나이를 먹는 것은 세상을 아는 지혜가 풍족해지는 것도 있지만 이제야 하늘의 시간을 생각할 줄 아는 어른이 된다는 것입니다. 죽고 못사는 것들이 실상 부질없음을 알게 되고, 지겹도록 미워하는 그 사람이 내겐 소중한 사

람임을 알게 되고, 내 마음에 있는 상처가 결국 보물임을 알게
됩니다.

진주가 조개의 아픔으로 만들어지듯이 인생의 보물은 고통
중에 만들어집니다. 세월을 아껴야 합니다. 시간을 붙잡아야 합
니다. 오늘 하루가 얼마나 소중한지를 깨달아야 합니다. 인생의
결정적인 순간은 바로 오늘입니다. 인생에서 최고의 기회는 오
늘 옵니다. 내 인생의 가장 행복한 날은 오늘입니다.

오늘이 인생에서 가장 귀한 보물입니다.

○ **하루 한 문장 읽기**

세월은 인생의 선생입니다.

○ **하루 한 문장 쓰기**

주제: 세월

○

39
보물

너희 보물 있는 곳에는 너희 마음도 있으리라

- 누가복음 12:34

　인생에는 전조가 있습니다. 무슨 일이 일어나기 전에 신호가 옵니다. 좋은 일이든 나쁜 일이든 우리가 알아볼 수 있게 다가옵니다. 전조를 알아보는 마음이 보배입니다. 너무 분주해서 인생의 신호를 미처 발견하지 못하고 힘든 때가 너무 많습니다.

　미리 대비할 수 있고 먼저 준비할 수 있는 마음을 잃어버렸습니다. 내가 가지고 있는 보물을 자꾸 빼앗기는 것은 이 때문입니다.

신앙은 달리는 인생에 고요함을 준다

마음을 붙잡는 훈련이 되지 못해서 보물을 잃어버립니다. 지금까지 쌓아 놓은 것들이 한 순간에 무너지는데도 속수무책입니다. 내 보물을 좀먹는 것은 도둑들이 아닙니다. 나의 탐욕이 보물을 병들게 합니다. 시시한 것들에 마음을 빼앗겨 보물을 놓치게 됩니다.

세상이 주는 보물에 현혹되면 안 됩니다. 성공, 재물, 외모, 배경, 학벌…. 겉만 번지르한 보물은 우리를 무감각하게 만듭니다. 세상이 주는 보물의 맛은 달콤하지만 그 달콤함은 짧습니다.

지금 나의 마음은 어디에 있는가? 나는 무엇으로 기뻐하는가? 내가 가진 보물을 함께 나누고 누릴 수 있는가? 보물은 인생의 질문이 됩니다.

보물은 멀리 있지 않습니다. 아주 가까이에 있습니다. 나와 함께 울고 웃는 그 사람이 보배입니다. 내가 힘들어하기도 하고 기뻐하는 일이 보배입니다. 매일 출근해서 앉아 있는 그 자리가 보배입니다.

마음을 조금만 바꾸면 세상이 완전히 달라집니다. 살아있는 모든 것들을 사랑하겠다는 시인의 마음을 배웁니다. 사랑도 미움도 마음에 있습니다. 절망도 희망도 마음에 있는 것입니다. 내 인생의 보물은 마음에 있기 때문입니다. 마음을 지키는 연습을 부단히 해야 합니다. 마음을 잃어버리면 모든 것을 잃습니다.

하나님의 마음으로 나의 마음을 채우십시오. 쪼잔하게 살지 말고 넉넉하게 살려면 그분을 향해 마음을 열면 됩니다.

나의 보물을 하늘에 쌓아두십시오. 하나님의 마음이 내 인생의 가장 고귀한 보물임을 인정하십시오. 날마다 하나님의 마음으로 내 마음을 채우십시오. 하나님의 마음이 있는 곳에 내 마음이 있다면, 이미 보물을 가진 것입니다.

○ **하루 한 문장 읽기**

내 인생의 보물은 마음에 있습니다.

○ **하루 한 문장 쓰기**

주제: 내 인생의 보물

신앙은 달리는 인생에 고요함을 준다

○

40
말씀이 없는
사랑은 상처다

여호와께서 그의 손을 내밀어 내 입에 대시며 여호와께서
내게 이르시되 보라 내 말을 네 입에 두었노라

- 예레미야 1:9

하나님의 손을 만날 때 능력을 받는 것이 아닙니다. 하나님
을 만나면 말씀을 받습니다. 인생의 문제가 해결 받는 것이 아
닙니다. 인생의 문제의 이유와 뜻을 말씀하여 주십니다.

하나님을 사모하는 인생은 하나님의 말씀도 사모해야 합니
다. 하나님은 말씀으로 인생을 만지십니다. 말씀에 울고 말씀에
웃는 인생이 되게 하십니다. 결코 식언하시는 하나님이 아니십
니다.

믿음은 말씀에 뿌리를 내려야 합니다. 깊은 묵상이 깊은 나무가 되게 합니다. 하나님의 손을 경험하는 말씀 묵상의 시간이 반드시 있어야 합니다.

소망은 말씀의 기둥과 같습니다. 소망은 말씀 안에서 자랍니다. 말씀을 많이 먹을수록 소망은 더욱 크게 자랍니다. 하나님의 손을 굳게 잡는 소망으로 성장합니다.

사랑은 말씀의 열매입니다. 좋은 열매를 맺기 위해서는 말씀을 사랑해야 합니다. 하나님의 말씀이 꿀송이보다 더 달게 느껴져야 합니다.

처음과 마지막에는 말씀이 있어야 합니다. 무슨 말을 할지 고민하기 전에 말씀으로 마음을 채워야 합니다. 어떻게 말을 끝맺을까 염려하기 전에 말씀을 상고해야 합니다.

하나님과의 만남은 말씀이 역사하시는 시간입니다. 말씀을 깨닫고 말씀에 사로잡히고 말씀대로 순종하며 살게 됩니다. 인생의 말이 아니라 하나님의 말씀을 전해야 하는 사명을 받습니다.

말씀은 때론 씁니다. 인생을 고치고 시대를 치유하는 힘이 있습니다. 말씀을 받은 자는 외쳐야 하는 사명이 있습니다. 시대의 어둠을 슬퍼만 하지 않고 강력하게 외쳐야 합니다.

세상을 향해 하나님의 말씀을 외치고 있는지, 예레미야는 끊임없이 질문하고 있습니다.

말씀의 사람으로 살아야 합니다. 하나님의 손을 굳게 잡고 살아야 합니다. 하나님의 만져주심을 항상 기대하며 살아야 합니다. 인생이 두려운 것은 능력이 없어서가 아니라 말씀이 없기 때문입니다.

말씀이 없는 믿음은 껍데기입니다. 말씀이 없는 소망은 신기루입니다. 말씀이 없는 사랑은 상처입니다. 말씀이 없는 인생은 안개일 뿐입니다.

○ 하루 한 문장 읽기
말씀의 사람으로 살아야 합니다.

○ 하루 한 문장 쓰기
주제: 말씀(1)

○

41
넘어질 때 제대로 넘어져라

이 율법책을 네 입에서 떠나지 말게 하며 주야로 그것을 묵
상하여 그 안에 기록된 대로 다 지켜 행하라 그리하면 네 길
이 평탄하게 될 것이며 네가 형통하리라

- 여호수아 1:8

나는 하나님께서 사용하기에 편한 사람인가? 아님, 내가 하
나님을 편하게 사용하고 있는 사람인가?

나는 하나님의 말씀따라 사는 순종의 사람인가? 아님, 나의
말에 따라 하나님께서 움직이시길 원하는 사람인가?

나는 하나님의 말씀을 묵상하며 하나님의 마음을 배우는 사
람인가? 아님, 나의 생각으로 하나님의 마음이 바뀌기를 바라
는 사람인가?

신앙은 달리는 인생에 고요함을 준다

나는 하나님의 말씀을 통해 형통의 삶을 사는 사람인가? 아 님, 나의 형통이 하나님께로부터 왔다고 오해하는 사람인가?

인생의 광야에 머물지, 가나안으로 들어갈지를 결정하는 일 은 나의 노력에 달린 것이 아닙니다. 전적으로 하나님의 말씀에 달려 있습니다.

인생의 한 페이지를 넘어가기 위해서는 비상한 각오, 남다 른 노력이 필요합니다. 피를 토하는 열의가 있어야 합니다. 그 러나 변화는 나에게 있지 않습니다. 인생의 전환점은 오직 하나 님께 있습니다. 사람은 자신을 변화시키지 못합니다. 하나님의 말씀이 인생의 방향을 바꿉니다.

인생은 항상 자기 중심적입니다. 삶은 이기적이고 생각은 탐욕적이며 말은 변명으로 가득하고 행동은 자기방어적입니다.

나의 뜻을 이루기 위해 기도합니다. 나의 계획이 이뤄질 때 찬양합니다. 나의 삶이 부요할 때 감사합니다. 나의 가정이 안 정될 때 기뻐합니다. 나의 자녀가 잘 될 때 예배합니다. 왜 하나 님의 말씀이 중요할까요? 인간의 존재를 정확히 볼 수 있기 때 문입니다. 나의 본성을 이해할 수 있기 때문입니다. 나의 믿음 의 한계를 깨닫기 때문입니다.

가나안으로 들어가려면 말씀 앞에 서야 합니다. 하나님의 말 씀이 검이 되어 나의 인생을 쪼개야 합니다. 말씀을 묵상하면 거룩한 아픔이 있어야 합니다.

하나님께서 여호수아에게 원하시는 것은 딱 한 가지입니다. 하나님의 말씀을 읽고 묵상하고 지키라. 즉 내가 너를 자유롭게 사용할 수 있도록 말씀 앞에 너를 내려놓으라는 뜻입니다.

다시 질문 앞으로 가야 합니다. 나는 하나님의 말씀으로 하나님께서 편하게 사용하는 사람인가? 아님, 나는 나의 뜻을 이루고자 하나님을 이용하고 있는 사람인가?

○ 하루 한 문장 읽기

하나님의 말씀이 검이 되어 나의 인생을 쪼개야 합니다.

○ 하루 한 문장 쓰기

주제: 말씀(2)

○

42
하나님의 말씀

바울이 하나님의 말씀에 붙잡혀

- 사도행전 18:5

　인생은 무언가에 붙잡혀 살아갑니다. 세상에 붙잡혀 사는 사람들이 있습니다. 삶이 오욕으로 가득 찬지도 모른 채 멍하니 살아갑니다. 악몽 같은 시간이 흘러가고 갑자기 만나는 의식의 한편에서 통곡의 눈물을 흘립니다. 붙잡고 사는 것이 신기루였음을 깨닫게 됩니다.

　사람들의 평판에 붙잡혀 사는 인생도 있습니다. 내가 누구인지를 인정을 받고 싶어합니다. 누군가의 허튼소리에 꿈이 무너지고 삶을 견디지 못합니다. 시선을 의식하는 회로가 복잡하고 빠릅니다. 순간을 모면하기 위해 온갖 수고를 다하지만 손에 남는 것은 아무것도 없습니다. 하루를 낭비하는 인생입니다.

하나님의 말씀에 붙잡히는 것이 은혜입니다. 말씀 없이 사는 것을 견디지 못하고 하나님의 마음에 민감하게 반응해야 합니다. 인생이 말씀을 붙잡는 것이 아닙니다. 말씀이 인생을 붙잡는 것입니다. 인생의 주도권은 말씀에 있습니다. 말씀에 내 자아를 내어드리는 것입니다. 말씀은 자아를 부정합니다. 아니, 굳어버린 자아를 깨뜨립니다. 인생은 이것을 고통이라 부르지만 말씀은 축복이라 선포합니다.

말씀과 씨름하지 않는 그리스도인은 예수의 제자가 아닙니다. 말씀을 묵상하고 말씀에 순종하는 것은 하나님을 향한 사랑의 표현입니다. 바울처럼 하나님의 말씀에 붙잡혀 사는 인생이 되고 싶습니다. 말씀이 나를 만들고, 말씀이 나를 가르치고 말씀이 나를 세워가는 삶의 여정이고 싶습니다.

말씀은 꿈을 꾸게 합니다. 내 생각대로 사는 것이 아니라 하나님의 마음으로 살게 합니다. 말씀은 꿈을 가꾸게 합니다. 삶의 한 자락도 허튼 것이 없습니다. 말씀은 꿈을 이루게 합니다. 나의 허물과 부족함을 넉넉히 이기는 힘이 있습니다.

말씀은 삶의 불안과 꿈에 대한 두려움을 이기게 합니다. 시도하고 도전하고 모험하는 것을 지극히 당연하게 만듭니다. 실패를 즐기고 아픔을 감사하게 만드는 신비가 담겨 있습니다.

삶이 더디다고 헤매지 맙시다. 손에 잡히는 것이 없다고 실망하지 맙시다. 오히려 내 삶에 하나님의 말씀이 있는지 점검해 봅시다. 내가 좋아하는 말씀이 아니라 내 삶을 깨뜨리는 엄중한 말씀도 반드시 있어야 합니다.

말씀에 붙잡히면 흔들릴지언정 넘어지지 않습니다. 쓰러지고 넘어지더라도 무릎 꿇지 않게 됩니다. 세상도 평판도 두렵지 않습니다. 하나님의 마음은 오직 말씀 안에 있습니다.

○ 하루 한 문장 읽기

말씀에 붙잡히면 흔들릴지언정 넘어지지 않습니다.

○ 하루 한 문장 쓰기

주제: 말씀(3)

43
고독의 치유

여호와께서 말씀하신 대로 사라를 돌보셨고 여호와께서 말
씀하신 대로 사라에게 행하셨으므로

- 창세기 21:1

말의 무게가 얼마나 무거울까요? 아무 생각 없이 하는 말들
의 가벼움을 알고 있나요? 말은 책임입니다. 말은 거룩입니다.
말은 신비임을 배웁니다.

인생은 말을 따라갑니다. 한마디 말을 하기 위해 많은 생각
을 집약합니다. 말 한마디로 인생을 살리기도 하고 죽이기도 합
니다. 말은 인격입니다. 말은 성품입니다. 말은 언약임을 깨닫
습니다.

높이 올라갈수록 말의 힘이 큽니다. 재판장의 말 한마디가 십 년을 좌우합니다. 의사의 말 한마디가 생명을 좌우합니다. 목사의 말 한마디가 영원을 좌우합니다.

하나님의 말씀은 엄중합니다. 하나님은 말씀 안에서 역사하십니다. 언약의 말씀을 이루시는 하나님이십니다. 하나님은 말씀하시는 하나님이시며 말씀하신 대로 섭리하시는 분이십니다.

하나님의 말씀 안에 사랑이 담겨 있습니다. 말씀대로 행하시는 하나님의 열심을 만나야 합니다. 하나님의 말씀을 기억하는 인생이 가장 복된 인생입니다. 인생에게 주신 하나님의 말씀을 붙잡아야 합니다.

하나님의 말씀은 변하지 않으십니다. 환경이 바뀌고 역사가 흘러가도 하나님의 말씀은 여전히 동일하십니다. 인생은 말씀을 잊어버려도 하나님은 결코 잊지 않으십니다. 하나님의 말씀은 영원하십니다. 마침내 이루시는 하나님의 약속입니다.

하나님은 말씀으로 인생을 돌보십니다. 위로와 격려, 은혜와 자비가 말씀 안에 담겨 있습니다. 날마다 말씀을 먹어야 합니다. 매일 말씀을 묵상해야 합니다. 밥 없이 살 수 없듯이 말씀을 먹지 못하면 인생은 죽습니다.

말씀으로 하루를 열어야 합니다. 말씀으로 사역을 시작해야 합니다. 말씀으로 사람들을 만나야 하고 말씀으로 꿈을 꾸고 말씀을 따라 사랑해야 합니다. 항상 말씀이 먼저인 삶을 살아야 합니다.

하나님의 말씀이 고독을 치유합니다. 소외된 인생을 건져 올리는 것도 말씀입니다. 좌절된 상처를 싸매는 것이 말씀입니다. 인생은 결코 혼자가 아닙니다. 하나님의 말씀 안에 인생이 있습니다.

하나님의 말씀을 먹어야 합니다. 하나님의 말씀이 나를 먹을 때까지.

○ 하루 한 문장 읽기

항상 말씀이 먼저인 삶을 살아야 합니다.

○ 하루 한 문장 쓰기

주제: 말씀(4)

신앙은 달리는 인생에 고요함을 준다

○

44
지금이 바로 그 때

이르시되 내가 은혜 베풀 때에 너에게 듣고 구원의 날에 너를 도왔다 하셨으니 보라 지금은 은혜 받을 만한 때요보라 지금은 구원의 날이로다

- 고린도후서 6:2

때를 분별하는 지혜가 필요합니다. 앞으로 나아가야 할 때가 있고 잠시 물러나야 할 때도 있습니다. 높이 올라갈 때가 있고 내리막길을 갈 때도 있습니다.

인생은 적절한 시간과 적당한 장소가 필요합니다. 애쓰고 수고하는 이유는 시간을 사용하기 위함입니다. 최선을 다하는 노력을 통해 나만의 공간을 가질 수 있습니다.

기회는 때를 타고 옵니다. 인생을 승리할 수 있는 기회의 흐

름을 타야 합니다. 세상을 불평하기 전에 시대를 주도할 수 있는 묘수를 찾아야 합니다.

인간의 때가 있다면 하나님의 때가 있습니다. 인생은 짧은 운명의 시간 안에서 기회를 찾지만 하나님은 영원의 관점에서 기회를 주십니다. 지금은 이해하지 못하는 고난도 견디고 버티면 알 때가 반드시 옵니다. 몸 안에 질병도 지금은 잠시 고통을 주지만 온몸을 건강하게 만드는 면역제가 되기도 합니다.

인생이 병든 이유는 조급하기 때문입니다. 시간을 낭비하고 이기적인 욕망에 사로잡혀 살기 때문입니다. 배는 부르지만 항상 영혼은 목이 마릅니다. 은혜 없이는 살 수 없습니다. 하늘의 은혜를 받아야 합니다. 땅에 있는 것으로 만족하지 못하는 게 인간입니다. 하늘의 신령한 은사를 사모해야 합니다. 가장 귀한 것들은 하늘에서 내려옵니다. 아무리 땅에서 정직하고 성실해도 하늘의 은혜가 없으면 열매가 없습니다. 고요한 인생에 풍랑이 치는 것도 은혜이며, 거친 삶에서 잠잠한 바람도 은혜입니다.

사람은 은혜를 만들지 못합니다. 사람 스스로 구원을 이룰 수 없습니다. 오직 하나님만이 인생에게 은혜를 베풀고 구원을 이루십니다.

내가 진정으로 원하는 것이 무엇인가? 나는 진정으로 어떤 삶을 살고 싶은가? 진정한 행복이 무엇이라고 생각하는가? 나는 구원받은 인생인가? 이런 질문에 어떻게 답하시겠습니까?

은혜를 모르면 내가 원하는 것을 모릅니다. 구원의 은총을 통해 하나님께 나아갑니다.

우물쭈물할 이유가 없습니다. 나의 힘으로 살 것인가? 하나님의 은혜로 살 것인가? 이제 결단하고 선택해야 합니다. 지금이 바로 그때입니다.

○ 하루 한 문장 읽기
하나님은 영원의 관점에서 기회를 주십니다.

○ 하루 한 문장 쓰기
주제: 기회

45
다시 시작하기

그의 머리털이 밀린 후에 다시 자라기 시작하니라

- 사사기 16:22

하나님은 다시 자라게 하시는 분이십니다. 상한 심령에 회복의 은혜를 주십니다. 삼손에게 자비를 내리십니다.

몸 한쪽이 아프면 온몸이 아픕니다. 하나님은 한 영혼의 아픔을 보시고 더욱 아파하시는 분입니다.

하나님은 끝까지 포기하지 않으십니다. 인생은 절망해도 하나님은 여전히 희망이십니다. 힘의 근원이 사라진 삼손을 결코 포기하지 않으십니다.

신앙은 달리는 인생에 고요함을 준다

다시 시작하는 것은 하나님의 은혜입니다. 인생의 힘으로는 머리카락 하나 자라게 할 수 없습니다. 하나님을 향한 겸손의 지혜를 배워야 합니다. 힘이 있을 때 잘하는 것이 최선이지만, 인생은 너무나 쉽게 자만합니다. 자신의 힘에 자신이 넘어집니다. 나의 적은 항상 나라는 것을 명심해야 합니다.

블레셋과 싸우기 전에 내 안에 있는 삼손과 싸워야 합니다. 하나님보다 더 의지하는 힘들, 나의 소견대로 살고자 하는 욕망들과 한판 붙어야 합니다. 나의 머리털을 밀게 하는 무서운 것들이 있습니다. 내가 받은 은사들, 남들이 칭찬하는 그것들이 나의 머리털을 밀고 있다는 사실을 깨달아야 합니다.

다시 자라게 하시는 하나님께 돌아와야 합니다. 인생에 있어서 힘의 근원은 오직 하나님이십니다. 세상이 주는 힘에 미혹되면 안 됩니다. 머리털이 자라기까지 기다리고 견뎌야 합니다.

머리털이 다시 자라면 무엇을 하고 싶나요? 하나님께서 나에게 힘을 주시면 어떤 일을 하고 싶나요? 다시 자라는 은혜를 사모하며 준비해야 합니다. 다시는 머리털이 밀리지 않도록 사명에 집중해야 합니다.

내가 가지고 있는 힘은 나의 것이 아닙니다. 나에게 힘을 주시는 하나님의 것입니다. 사명이란 하나님께 집중하고 그분의 뜻을 이루는 데 참여하는 것입니다.

오늘도 머리카락 휘날리며 힘차게 살아가야 합니다.

○ 하루 한 문장 읽기

힘의 근원은 오직 하나님이십니다.

○ 하루 한 문장 쓰기

주제: 힘의 근원

46
죄에 대한 아픔

그들이 묻기를 마지 아니하는지라 이에 일어나 이르시되 너
희 중에 죄 없는 자가 먼저 돌로 치라 하시고

- 요한복음 8:7

　죄에 대한 투명성보다 죄에 대한 아픔이 있어야 합니다. 죄
를 근본적으로 막기 위해 수고해야 하지만 죄를 철저히 인정하
는 것이 중요합니다.

　죄를 작게 볼 이유도 없고 죄를 너무 크게 보고 주눅들 필요
도 없습니다. 죄는 지나치게 가까이 있습니다. 사자의 탈이 아
니라 친구의 탈을 쓰고 옵니다. 죄보다 무서운 것은 없습니다.
죄에서 벗어나는 것은 쉽지 않습니다. 죄는 놀랍도록 반복성이

강합니다. 죄로 인한 죄책감보다 죄가 주는 쾌락이 더 크기 때문입니다.

모든 사람이 다 들켜도 나는 들키지 않을 것 같은 묘한 자만심이 죄를 지속하게 합니다. 나만 모르고 남이 다 알때까지 죄는 계속됩니다. 죄를 멈추기 위해서는 나를 보고 있으면 안 됩니다. 물론 죄를 짓고 있는 나의 연약한 심령을 봐야 합니다. 하지만 그것으로는 죄를 멈출 수 없습니다.

현장에서 간음한 여인이 붙잡혀 왔습니다. 모든 사람들이 그녀를 죄인이라고 말합니다. 법에 따라 판결해야 한다고 아우성입니다. 예수의 발 앞에서 떨고 있는 여인과 흥분한 군중들이 오버랩됩니다. 죄를 지은 여인과 죄악에서 살고 있는 군중과 죄가 없으신 예수가 한자리에 있습니다. 긴 침묵이 끝나고 예수가 말합니다. 죄 없는 자가 먼저 돌로 치라. 죄에 대한 엄중한 선포를 하십니다. 영혼의 죄로 가득한 인생에게 경고하십니다. 감히 누가 누구를 죄인으로 정죄하는가?

우리는 모두 하나님 앞에서 죄로 인해 죽을 운명입니다. 죽음이 죽음 앞에서 뭐라고 항변할 수 있습니까? 죄는 우리의 눈을 가립니다. 정작 봐야 할 나의 모습은 보지 못하고 남의 죄만 봅니다. 자신에게는 은혜를 상대에겐 율법을 적용합니다. 죄는 흐름을 멈추게 합니다. 인생의 리듬을 깨뜨립니다. 혼란스럽고 기괴합니다. 영적인 감각이 무뎌지고 심령을 마르게 합니다.

　죄에서 벗어나는 길은 오직 예수밖에 없습니다. 죄를 감출 수 없습니다. 언젠가 드러납니다. 십자가의 보혈만이 죄를 덮습니다. 죄를 짓는다 하여도 끊임없이 예수에게 나아가야 합니다. 그래야 회개와 용서의 기회가 있습니다. 나도 죄인입니다. 부끄러운 수치가 있습니다. 그래도 오늘 하루를 사는 이유는 예수뿐입니다. 죄의 유혹을 이길 사람은 아무도 없습니다. 죄가 오거든 맞서 싸우지 말고 무조건 피해야 합니다. 예수 안으로 더 가까이 가는 것이 죄를 이기는 유일한 길입니다.

○ 하루 한 문장 읽기

죄가 오거든 맞서 싸우지 말고 무조건 피해야 합니다.

○ 하루 한 문장 쓰기

주제: 죄

○

47
믿음이 흔들리면
인생도 흔들린다

믿음이 없이는 하나님을 기쁘시게 하지 못하나니 하나님께
나아가는 자는 반드시 그가 계신 것과 또한 그가 자기를 찾
는 자들에게 상 주시는 이심을 믿어야 할지니라

- 히브리서 11:6

삶은 패턴입니다. 일정한 흐름을 유지하는 것이 중요합니다.
고난의 물결이 출렁일 때마다 파도를 깊이 타야 합니다. 간격을
맞춰가는 것을 배워야 합니다. 긴장과 이완이 물 흐르듯이 흘러
가야 합니다. 매일 똑같은 삶에도 패턴이 있습니다. 삶은 복잡
하지만 의외로 단순합니다. 자신의 호흡법을 찾아야 합니다. 긴
장된 순간에도 이완된 상태에서도 자기의 패턴을 유지해야 합
니다. 짜증나는 일들이 쌓이면 흐름이 끊깁니다. 안주하는 일들

이 모여도 흐름이 막힙니다. 희비의 순간들이 흐름을 들었다 놓았다 하는 것입니다.

믿음을 유지하는 것이 중요합니다. 의심과 의문의 사이에서 헤매는 게 인생입니다. 최선을 다할수록 어려워지는 것이 삶입니다. 믿음이 흔들리면 인생이 흔들립니다. 흐름이 깨지고 삶이 뒤엉킵니다. 악한 마귀가 시험하는 것은 한 가지입니다. 바로 믿음입니다. 온 우주를 준다고 해도 바꾸지 말아야 하는 것이 믿음입니다. 이 땅에서 가장 소중한 것은 믿음입니다. 하나님을 기쁘게 하는 유일한 도구가 믿음입니다. 믿음이 깨지면 관계도 깨집니다. 믿음이 사라지면 사명도 사라집니다. 믿음이 필요없다면 삶도 필요없습니다. 믿음이 의미이고 가치이며 목적입니다.

하나님은 믿음을 보십니다. 전심으로 하나님을 믿는 사람을 찾으십니다. 믿음의 창고에 소망과 사랑이 담겨 있습니다. 믿음의 패턴을 잊으면 안 됩니다. 고난이 출렁일 때 믿음은 등대가 됩니다.

칠흙같은 어둠에서 오직 믿음만이 빛을 냅니다. 믿음은 자라고 성장해야 합니다. 믿음을 사용하는 법을 배워야 합니다. 신실하신 하나님께 날마다 믿음을 드려야 합니다. 믿음은 내 안에 있습니다. 나를 믿는 믿음이 아니라 하나님을 믿는 믿음으로 나를 믿어야 합니다. 믿음의 뿌리는 하나님이십니다.

결코 낙심하지 말아야 하는 것은 벼랑 끝에 믿음이 있기 때문입니다. 믿음이 있는 한 인생은 포기할 수 없습니다. 하나님을 기쁘시게 하는 믿음은 온전한 믿음입니다. 하나님 앞에서 내 삶을 드리는 것입니다. 나의 기쁨이 어디에서 오는가? 내 마음 안에 담긴 믿음을 보시는 하나님께로부터 옵니다.

그것으로 기뻐하는 것이 아니라 그분으로 기뻐하는 것입니다. 이것이 믿음입니다.

○ 하루 한 문장 읽기
칠흙같은 어둠에서 오직 믿음만이 빛을 냅니다

○ 하루 한 문장 쓰기
주제: 믿음(1)

신앙은 달리는 인생에 고요함을 준다

○

48
믿음의 눈높이

곧 그 아이의 아버지가 소리를 질러 이르되 내가 믿나이다
나의 믿음 없는 것을 도와 주소서 하더라

- 마가복음 9:24

믿음은 시간과 관련이 있습니다. 믿음은 오랜 시간을 통과해
야 합니다. 눈 앞에 있는 것을 믿는 것도 중요하지만 영원한 세
계를 믿는 것이 더 소중합니다. 믿어지는 은혜가 있습니다. 기
적과 이적들이 이성과 논리를 초월해도 확신차게 믿어집니다.
그러나 대부분은 믿어 가는 은혜로 삽니다. 의심과 절망의 시간
속에서 믿음이 자랍니다.

보이지 않는 세계를 믿는 것은 요행이 아닙니다. 어쩌다가

믿는 것이 아니라 삶의 실증으로 믿어 가는 것입니다.

믿음에도 오류가 있음을 배웁니다. 내가 믿는 것이 얼마나 부실한지를 깨닫게 됩니다. 믿었다고 생각하는 것들이 나의 신념일 수 있습니다. 믿음에서 더 믿음으로 나아가는 것은 실로 어렵습니다. 인생에 한계가 있듯이 믿음도 한계에 다다를 때가 있습니다.

어떤 것은 믿지만, 어떤 것은 믿고 싶어도 믿어지지 않는 것이 있습니다. 나의 믿음이 퇴색되고 있음을 느낄 때도 있습니다. 믿음은 과거의 것도 있지만 현재의 믿음이 빛이 납니다. 믿음은 변하지 않지만 믿는 사람은 늘 변하기 때문입니다.

정금같은 믿음을 위해 기도해야 합니다. 연약한 믿음에도 감사해야 합니다. 그럼에도 믿음에 만족하고 눌러앉아 있으면 큰일입니다.

아버지의 마음은 아들에 닿아 있습니다. 아들을 고치기 위한 필살의 노력을 기울이고 있습니다. 믿음이 없다고 소리치는 아버지에게 누가 돌을 던지겠습니까?

믿음은 어딘가에 닿아 있습니다. 그것이 기적이든 소원이든 치유이든 믿음은 향상성입니다. 믿음이 믿음을 이끕니다. 믿음을 주님께 가져가야 합니다. 예수님은 믿음 없음을 책망하시지만 그렇다고 믿음을 빼앗지는 않습니다. 나는 믿음이 없습니다. 주님이 도와주시지 않으면 믿음으로 살 수 없습니다. 날마다 믿음을 의심하며 괴로워할 것입니다.

나는 믿음이 있는가? 나는 무엇을 믿는가? 나는 믿음을 어디에 쓰고 있는가? 나는 누구를 믿는가? 자문해봅시다.

확신없는 믿음의 세계에서 방황하면 안 됩니다. 도덕적 의무로 믿는 것도 안 됩니다. 의심의 돌부리에 넘어지는 믿음도 안 됩니다.

○ **하루 한 문장 읽기**

믿음은 오래 시간을 통과해야 합니다.

○ **하루 한 문장 쓰기**

주제: 믿음(2)

○

49
시험, 마음 쪼개기

아브라함이 아침에 일찍이 일어나 나귀에 안장을 지우고
두 종과 그의 아들 이삭을 데리고 번제에 쓸 나무를 쪼개어
가지고 떠나 하나님이 자기에게 일러 준 곳으로 가더니

- 창세기 22:3

하나님은 인생을 있는 모습 그대로 사랑하십니다. 외모를 보지
않으시고 중심을 보십니다. 마음을 단련하시는 분입니다.

하나님은 인생을 가만 두시지 않으십니다. 끊임없이 움직이게
하십니다. 믿음을 연단하십니다.

하나님은 안주하는 믿음을 밀어내십니다. 과거의 믿음을 물리
치십니다. 믿음은 항상 현재 진행형입니다.

하나님은 인생에게 속지 않으십니다. 모른 척 기다리시는 분입

신앙은 달리는 인생에 고요함을 준다

니다. 날마다 새로움을 창조하시는 분입니다.

하나님은 인생에게 가장 사랑하는 것을 바치라고 합니다. 믿음을 시험하고 마음을 혼란스럽게 만듭니다. 사랑의 확증을 요구하십니다.

인생의 믿음은 하나님 것입니다. 모든 것이 하나님으로부터 왔습니다. 사랑하면 알게 되는 것들이 있습니다.

인생은 하나님이 일러 준 곳으로 가야 합니다. 남 탓하면서 있을 겨를이 없습니다. 어디에 머무는가가 대단히 중요합니다.

인생은 하나님이 일러 준 곳으로 가는 여정입니다. 이른 아침에 일어나 준비해야 합니다. 서두르지 않으면 쫓기게 됩니다.

하나님의 시험이 아브라함의 믿음의 눈을 뜨게 만듭니다. 더 좋은 것을 주시는 하나님의 언약을 붙잡게 만듭니다.

하나님은 인생의 모순을 파고듭니다. 선택의 기로에 서게 만듭니다. 엄중한 현실 앞에서 고뇌하며 흔들리게 만듭니다.

나무를 쪼개듯이 마음을 쪼개야 합니다. 세상에 기울어 있는 마음을 무너뜨려야 합니다. 거룩한 통증이 마음에 있어야 합니다.

인생은 자기가 원하는 곳으로 다닌다고 착각합니다. 마음대로 돌아다닐 수 있다고 오해합니다. 같은 자리를 맴돌고 있을 뿐입니다. 하나님이 원하는 곳으로 나가야 합니다. 애매한 곳이라 두려울 수 있지만 직면해야 합니다. 믿음은 하나님께서 지시한 곳에 가기 위해 필요합니다.

하나님이 일러 주신 곳으로 나가는 어려움보다 하나님이 일러 주신 곳이 어디인지 모르는 것이 불행입니다.

반드시 가야 합니다. 기어코 나가야 합니다. 돌아보면 안 됩니다. 힘들수록 힘을 내야 합니다. 흔들릴수록 믿음으로 이겨내야 합니다. 마침내 하나님께서 일러 주신 곳에 가야 합니다.

인생은 그렇습니다. 인생이 원하는 곳으로 가느냐, 하나님께서 일러 주신 곳으로 가느냐의 싸움입니다.

○ 하루 한 문장 읽기

믿음은 하나님께서 지시한 곳에 가기 위해 필요합니다.

○ 하루 한 문장 쓰기

주제: 믿음(3)

신앙은 달리는 인생에 고요함을 준다

○

50
겨자씨의 크기

너희에게 이르노니 만일 너희에게 겨자씨 한 알만큼만 있
어도 이 산을 명하여 여기서 저기로 옮겨지리라 하면 옮겨
질 것이요

- 마 17:20

    산을 옮기는 믿음을 구하기 전에 살아있는 믿음이 있는지 점
검해야 합니다. 위대한 능력보다 썩어지는 겸손이 더 아름답습
니다.

    누군가에게 보여주고 싶은 마음을 내려놓아야 합니다. 다른
이들에게 믿음을 인정받는 것을 두려워해야 합니다. 평판이 좋
을수록 넘어지기 쉽습니다. 한껏 기대를 받고 있다면 잠시 물러
서야 합니다.

높은 건물에 속지 말아야 합니다. 많은 사람들에게 시야가 흐려지면 안 됩니다. 믿음은 삶의 현장에서 부닥치는 아픔입니다. 믿음이 좋다는 건 고통이 더 많다는 증거입니다.

겨자씨 한 알의 믿음이 있어야 합니다. 믿음은 결코 자랑이 아닙니다. 믿음은 썩고 죽고 깨지기 위해 있는 것입니다. 만만치 않는 세상에서 스스로 껍데기를 벗기 위해 믿음을 사용해야 합니다.

믿음은 예배 때만 필요한 것이 아닙니다. 힘들게 하고 무너지게 하는 사람들 앞에서도 필요합니다. 미움이 올라오고 분노에 사로잡힐 때 믿음이 필요합니다. 절망과 한숨과 싸울 때 필요합니다. 마음속에 묶여 있는 산을 옮길 때 믿음이 필요합니다. 절망의 산에서 희망의 산으로 옮겨갈 때 믿음이 필요합니다.

믿음은 인생을 썩히는 데 사용해야 합니다. 인생을 감추고 내려가는 동안에 사용해야 합니다. 가장 귀한 것을 내려놓을 때 믿음을 사용해야 합니다. 믿음이 필요한 순간은 칠흑같은 어둠의 때입니다.

산을 옮기려는 믿음이 왜 필요할까요? 산을 옮기는 것보다 어려운 것이 마음을 옮기는 것입니다. 헛된 욕망에 빠져있는 인생을 구원하기 위해 믿음이 필요합니다.

신앙은 달리는 인생에 고요함을 준다

주님은 겨자씨만한 믿음을 요구하십니다. 작고 연약하지만 살아있는 믿음을 보십니다. 믿음 안에 생명이 담겨 있기 때문입니다. 살아있어야 죽을 수 있고, 생명이 있어야 잉태할 수 있기 때문입니다.

당신의 믿음은 살아있습니까?

○ 하루 한 문장 읽기

겨자씨 한 알의 믿음이 있어야 합니다.

○ 하루 한 문장 쓰기

주제: 믿음(4)

3장

모든 것
에 는
끝이있다

○

51
떠나라는 신호다

여호와께서 아브람에게 이르시되 너는 너의 고향과 친척과
아버지의 집을 떠나 내가 네게 보여 줄 땅으로 가라

- 창세기 12:1

정착하기 위해서는 떠나야 합니다. 안전한 곳에 있기 위해서는 익숙한 것을 버려야 합니다. 내가 알고 있는 것을 부정해야 제대로 알 수 있습니다.

공부하는 이유는 만점을 받기 위해서가 아닙니다. 알고 있는 것과 모르는 것을 분명히 하기 위함입니다. 떠나는 것은 내가 어디에 있는지를 분명히 배우기 위함입니다.

나의 고향은 어디인가? 나의 친척은 누구인가? 나의 아버지

집은 어떤 곳인가? 이런 질문에 대해 답할 수 있습니까?

너무 가까이 있어서 보이지 않는 것들이 있습니다. 알고 있다는 착각이 제대로 보지 못하게 합니다. 지식은 언제나 법칙을 떠날 때 성장합니다. 학문은 원리를 다시 생각할 때 발전합니다. 하나님의 뜻은 자리를 떠날 때 보입니다.

떠나지 못하도록 하는 것이 무엇입니까? 평판이 좋을수록 떠나지 못합니다. 인기가 있어서, 잘 되고 있어서, 생각보다 쉬워서, 남들이 은근히 알아주고 있어서, 하는 일이 착착 잘되서 떠나지 못합니다. 말로만 떠날 뿐 몸과 마음은 여전히 머물고 싶어합니다.

시간이 쌓일수록 떠나지 못합니다. 여기까지 어떻게 왔는데, 지금까지 얼마나 수고했는데, 사람들이 나에게 거는 기대가 얼마나 큰데…. 떠날 수 없는 이유들을 하나둘씩 가지고 삽니다. 하나님은 느닷없이 방문해서 어처구니 없는 말씀을 하십니다. '그냥 떠나라. 네게 보여줄 땅으로 가라.' 하나님의 섭리는 인생을 당황케 합니다.

그렇다고해서 떠나고 싶다고 모두 떠날 수도 없습니다. 떠나라는 신호를 분별할 줄 알아야 합니다. 무턱대고 떠나는 것은 그냥 방황입니다. 시간을 낭비할 뿐입니다.

하나님의 신호는 다양합니다. 하나로 제한할 필요가 없습니

모든 것에는 끝이 있다

다. 문제는 신호를 보지도 듣지도 깨닫지도 못하는 내가 문제입니다. 멈춰야 할 때는 조급해서 떠나려 하고, 떠나야 할 때는 가지고 있는 알량한 것들 때문에 못들은 척합니다.

떠나려면 고요한 시간을 가져야 합니다. 잠잠히 하나님만 바라볼 수 있는 장소가 필요합니다. 세상의 소리, 나의 탐심의 소리를 벗어날 수 있는 훈련을 계속해야 합니다. 떠나는 사람은 결코 실패를 두려워하지 않습니다.

인생의 두려움을 이기는 길은 한 가지 방법밖에 없습니다. 떠나는 것입니다.

○ 하루 한 문장 읽기

떠나는 것은 내가 어디에 있는지를

분명히 배우기 위함입니다.

○ 하루 한 문장 쓰기

주제: 떠나다

_____

_____

_____

○

52
알고 있는 것을
정말 알고 있는가?

예수께서 그에게 대답하여 이르시되 너는 이스라엘의 선생
으로서 이러한 것들을 알지 못하느냐

- 요한복음 3:10

    알고 있는 것을 확실히 알고 있습니까? 알고 있는 것을 삶에서 실천하고 있습니까? 알고 있는 것과 알지 못하는 것의 차이를 알고 있습니까? 모든 지식을 알 수 없습니다. 알 필요도 없습니다. 한 가지 전문지식만 가지고도 평생을 씨름해야 합니다. 진짜 알아야 하는 것은 내가 아무것도 모르고 있다는 사실 아닐까요?

    다툼이 왜 일어날까요? 혹시 내가 알고 있는 앎을 상대에게 강요하기 때문은 아닌가요? 상대방의 모름만 보이기 때문은 아

닐까요? 내가 알고 있는 것이 그렇게 대단한가요? 내가 알고 있는 것이 틀릴 수도 있잖아요. 내가 알고 있었던 사실이 시간이 지남에 따라 바뀔 수도 있습니다. 만고불변의 앎은 단지 나의 의식 안에 있을 뿐입니다.

알고 있는 것에 대해 항상 물음표를 가지고 있어야 합니다. 아는 것이 많을수록 겸손해야 합니다. 박식한 니고데모도 거듭남에 대해서 이해하지 못했습니다. 예수는 그에게 "육으로 난 것은 육이요 영으로 난 것은 영이니…"라는 더 어려운 대답을 하십니다. 영적인 것과 육적인 것을 어떻게 분별합니까? 하늘에 속한 것과 땅에 속한 것을 무슨 방도로 알 수 있을까요?

타이틀을 위해 쉼없이 달려온 인생입니다. 그러나 그 타이틀이 나의 앎을 방해하고 있지는 않습니까? 어른이라는 것, 직분이 높다는 것, 많이 경험했다는 것들이 나를 넘어지게 하는 진짜 모름일 수 있습니다. 아직 누군가를 가르치는 입장이 아닙니다. 아직 나의 앎을 안다고 말할 단계가 아닙니다.

무식하면 용감하다고 하지만 유식하면 교만하게 됩니다. 안다고 말하는 것보다 모른다고 말하는 것이 복됩니다. 한 가지라도 똑바로 아는 것이 중요합니다. 잘 아는 것보다 제대로 아는 것이 소중합니다. 모르는 것은 무식한 것이 아닙니다. 알고도 실천하지 않는 것이 무식한 것입니다. 자기는 하지 못하면서 가르치려는 것이 무식입니다. 무식이란 앎에 있는 것이 아니라 관계에 있습니다.

인생은 선생이 아니라 학생입니다. 삶이란 가르치는 것이 아니라 배우는 것입니다. 사랑도 믿음도 소망도 꿈도 평생을 배우고도 부족합니다.

하나님을 힘써 아는 것이 참된 복입니다. 예수의 삶을 배우는 것이 진짜 은혜입니다. 인생의 스승이신 성령님께 배워야 합니다. 일단 모른다고 합시다. 알고 있는 것을 자꾸 내려놓아야 합니다. 날마다 배우는 행복한 인생이 되어야 합니다.

○ 하루 한 문장 읽기

알고 있는 것에 대해 항상 물음표를 가지고 있어야 합니다.

○ 하루 한 문장 쓰기

주제: 안다는 것

○

53
시작해야 시작한다

하나님의 아들 예수 그리스도의 복음의 시작이라

- 마가복음 1:1

시작하는 것은 실로 중요합니다. 그 시작을 위해 수많은 밤을 고민했고 고심했기 때문입니다.

시작 자체가 위대한 결단입니다. 시작하는 것과 시작하지 않은 것은 하늘과 땅 차이입니다. 생각만으로 시작하는 것은 아직 시작이 아닙니다. 몸으로 부딪치며 인생의 한계를 경험하고 세상 무서운지 비로소 배우게 됩니다. 밑도 끝도 없는 것이 시작입니다. 생각의 자본금이 날라가고, 열정의 힘이 부서지고, 성실함에 배신 당하는 것이 시작입니다. 고고함이 사라지고, 강직함은 휘청거리고, 정직이 조롱 받는 것이 시작입니다.

그래도 시작해야 합니다. 시작해야 사건이 일어나고 사건과 사건 속에서 결과가 나옵니다. 살아있는 모든 것이 매순간 움직이듯이, 인생도 매일 시작이 있어야 합니다.

나의 시작은 미미합니다. 아무도 주목하지 않습니다. 날마다 실패를 경험합니다. 다시 돌아가고 싶습니다. 상대의 시작이 더 커보입니다. 시작은 어차피 불안과 염려로 가득합니다. 굴복하면 안 됩니다.

예수의 시작도 마찬가지입니다. 사람들의 오해와 제자들의 무능과 시대의 착각들이 계속 따라다녔습니다. 예수에게 있어서 사역의 시작은 고통이며 좌절이었습니다. 그러나 예수의 시작은 항상 하나님 앞이었습니다. 신실하신 하나님의 은혜를 구했습니다. 절대적 절망 속에서도 예수의 시작은 멈추지 않았습니다.

단언컨대 시작은 나를 힘들게 할 것입니다. 그럼에도 시작의 설레임을 붙잡아야 합니다. 시작하는 첫 마음을 잊지 말아야 합니다. 모든 시작이 모두 좋은 결과를 맺는 것은 아닙니다. 열 개의 시작이 하나의 열매를 맺어도 시작해야 합니다. 다른 사람의 눈치를 볼 이유가 없습니다. 열매의 결과는 내 것입니다.

시작할 수 있는 것만으로도 감사합니다. 다시 시작할 수 있는 용기를 날마다 불어넣어야 합니다. 시작하고 시작하고 또 시작하는 인생이 됩시다. 시작하는 모든 이들에게 하나님의 은혜가 임하길 기도합니다.

○ 하루 한 문장 읽기

시작 자체가 위대한 결단입니다.

○ 하루 한 문장 쓰기

주제: 시작

○

54
광야는 광야다

〜〜〜〜〜〜〜〜〜〜〜〜〜〜〜

그들이 일어나 사울보다 먼저 십으로 가니라 다윗과 그의
사람들이 광야 남쪽 마온 광야 아라바에 있더니

- 사무엘상 23:24

〜〜〜〜〜〜〜〜〜〜〜〜〜〜〜

광야가 있음을 한시도 잊으면 안 됩니다. 광야처럼 생긴 곳,
광야와 비슷한 곳은 없습니다. 광야는 광야입니다.

나의 광야가 무엇인지 인지해야 합니다. 광야를 알아야 어
떻게 생각하고 말하고 움직일지 알 수 있기 때문입니다. 광야
를 우습게 보면 안 됩니다. 쉽게 건너가지 못합니다. 타는 목마
름과 고된 시간이 기다리고 있습니다. 갈 길을 알지 못하고 서
성거릴 것입니다. 그렇다고 광야를 너무 두렵게 생각해서도 안

모든 것에는 끝이 있다

됩니다. 분명한 목적을 가지고 버텨야 합니다. 오아시스도 있고 쉴 만한 그늘도 있습니다.

광야를 건너갈 방법을 찾아야 합니다. 애쓰고 수고해도 항상 그 자리라면 방법을 바꿔야 합니다. 낡은 나침반을 버려야 합니다. 광야의 밤을 준비해야 합니다. 아무리 절망의 밤이 찾아와도 반드시 희망의 태양은 떠오릅니다.

최고의 준비는 광야를 함께 건너갈 친구를 만드는 일입니다. 홀로 외롭게 광야를 건너기란 여간 어렵지 않습니다. 광야를 함께 건너갈 친구가 있나요? 다윗은 광야의 사람입니다. 17년을 광야에서 살았습니다. 끝까지 광야를 건널 수 있었던 이유는 함께하신 하나님이 계셨기 때문입니다.

광야 그 너머에 계시는 하나님을 구해야 합니다. 내 인생의 광야를 가장 잘 알고 계시는 분입니다. 어떻게 광야를 건너야 할지 방법을 알고 계십니다. 그분께 묻고 듣고 순종해야 합니다.

광야는 멀리 있지 않습니다. 내 마음에 있습니다. 광야는 세상이 만들지 않습니다. 내가 만듭니다. 광야에서 나를 힘들게 하는 사람은 바로 나 자신입니다.

문제는 인생의 광야가 한 개가 아니라는 데 있습니다. 지금 건너는 광야를 지나면 더 험한 광야를 만납니다. 인생은 광야의 연속입니다. 광야를 건너려면 광야를 사랑하면 됩니다. 광야를 건너는 자신을 사랑하고 광야에서 만나는 모든 것을 품어보세요. 광야에서 만난 하나님을 날마다 사모할 때, 어느 순간 광야를 건너는 자신을 발견하게 될 겁니다.

인생이 광야라면 광야를 매일 만나야 합니다. 그곳에서 참된 나를 발견하고 신실하신 하나님을 만나는 인생이 가장 복된 인생입니다.

○ 하루 한 문장 읽기

광야를 건너려면 광야를 사랑하면 됩니다.

○ 하루 한 문장 쓰기

주제: 광야

○

55
마지막 착지

만물의 마지막이 가까이 왔으니 그러므로 너희는 정신을
차리고 근신하여 기도하라

- 베드로전서 4:7

인생은 착지가 중요합니다. 공중에서 화려한 동작도 성실히
수행해야 합니다. 그럼에도 착지가 엉망이면 모든 것이 흩어집
니다.

사람들은 보여지는 데 신경을 씁니다. 자신의 이미지를 연
출하는 일이 나쁜 것은 아닙니다. 하지만 내면의 연출이 더 훌
륭해야 합니다. 어디에 착지를 해야 하는지를 아는 것이 지혜입
니다. 엉뚱한 곳에서 헤매는 인생이 많습니다. 꼭 사람들이 모

이는 곳에 착지할 필요는 없습니다. 인생은 확신이 필요합니다. 무슨 일을 하든지 자신에게 대답할 수 있어야 합니다. 왜 그 자리에 있는지 확실하게 대답해야 합니다.

마지막이 가까이 오고 있습니다. 처음이 있으면 마지막은 반드시 있기 마련입니다. 끝을 보면서 움직여야 합니다. 지금 좋은 것보다 마지막이 좋은 것이 무엇인지 알아야 합니다.

인생의 악순환을 멈춰야 합니다. 한가하게 살아갈 시간이 없습니다. 여유와 나태는 분별해야 합니다. 유머와 실소를 알아차려야 합니다. 느긋함과 게으름은 다릅니다.

인생의 걸림돌은 환경이 아닙니다. 악조건 속에서 태어난 사람도 있지만 여건이 나쁘다고 무조건 악한 사람이 되지는 않습니다. 자신을 이기지 못하면 세상도 이길 수 없습니다. 한번 시간에 밀리면 끝까지 밀린다는 것을 기억해야 합니다. 시간에 밀리지 말고 밀어내야 합니다.

안정적인 착지를 위해 부단한 노력이 필요합니다. 마지막이 안전하려면 마음의 훈련은 필수입니다. 마음의 도량을 넓혀야 합니다.

인생의 해답은 다른 사람이 주지 못합니다. 약간의 도움이 될 뿐입니다. 내 인생의 해답은 내가 찾아야 합니다. 하나님께 더 가까이 가야 합니다. 하나님의 품에 착지하는 연습을 해야 합

모든 것에는 끝이 있다

니다. 기도는 영적인 착지 연습입니다. 하나님의 마음을 알아가는 훈련입니다. 아무리 어려운 동작도 하나님 안에 있으면 안전하게 착지할 수 있습니다. 몸에 힘을 빼고 하나님께 맡겨봅시다. 어설픈 동작이라도 반복하면 몸에 익듯이, 연약한 기도도 꾸준히 하면 나를 하나님께로 가까이 이끕니다.

마지막 때에 할 수 있는 것은 별로 없습니다. 너무 늦기 전에 마지막을 준비합시다. 날마다 착지연습을 합시다. 낙타무릎이 되어 쉼 없이 달려온 인생의 마지막을 하나님께 맡겨드리는 승리의 인생이 됩시다.

○ 하루 한 문장 읽기

어디에 착지를 해야 하는지 아는 것이 지혜입니다.

○ 하루 한 문장 쓰기

주제: 마지막 때

○

56
소소한 행복

마음의 즐거움은 얼굴을 빛나게 하여도 마음의 근심은 심
령을 상하게 하느니라

- 잠언 15:13

인생에는 잔치가 있고 축제가 있어야 합니다. 살아가는 동
안 날마다 심각하게 살면 큰일입니다. 경직된 마음에는 행복이
떠납니다.

소소한 즐거움이 행복을 알아보게 합니다. 작고 약한 것들
을 사랑하는 마음을 키워야 합니다. 부드러운 마음에서 감사가
자랍니다. 감사는 내가 받은 것을 세어볼 때 따라옵니다. 주신
것이 얼마나 소중한지를 알아보는 지혜가 필요합니다. 받은 것

모든 것에는 끝이 있다

을 낭비하지 않는 삶이 명철입니다.

시기는 남이 얼마나 받았는지를 세어볼 때 생깁니다. 비교하면서 사는 삶이 가장 어리석습니다. 남의 떡이 아무리 크게 보여도 부러워하면 집니다.

마음의 즐거움을 위한 나만의 잔치가 필요합니다. 내가 무엇을 좋아하는지, 어떤 일을 하면 시간 가는 줄 모르고 하는지 알아야 합니다. 스스로를 위로해주고 격려해주는 시간이 필요합니다.

축제를 위해 다른 사람의 도움이 필요합니다. 나 혼자 잘 먹고 잘 살려고 하는 사람은 심히 어리석습니다. 함께 웃고 함께 울고 함께 즐거워하는 친한 벗들이 있어야 합니다.

마음을 근심하게 하는 게 무엇인지 기록해 봅시다. 구체적으로 마음의 염려를 적어야 합니다. 눈으로 확인하면서 싸워야 합니다.

얼굴을 빛나게 하는 것은 물질이 아니라 마음입니다. 얼굴은 마음의 거울입니다. 타고난 미인보다 마음의 거울이 밝은 미인이 오래갑니다. 얼굴을 가꾸는 모습도 좋지만 먼저 마음을 밝게 해야 합니다.

마음에 무엇이 담겨 있나요? 마음을 어떻게 가꾸고 있나요? 인생의 행복은 마음에서 승부가 납니다. 조금만 여유를 가지고 살아봅시다. 긴장과 이완이 적절히 조화를 이뤄야 합니다. 쉼 없이 달려온 인생은 자랑이 아닙니다. 멀리 가고 오래가려면 쉼이 필요합니다.

　노력만으로 달라지는 데는 한계가 있습니다. 변화와 성장은 마음에 달려 있습니다. 인생은 마음먹기입니다.

○ **하루 한 문장 읽기**

인생은 마음먹기입니다.

○ **하루 한 문장 쓰기**

주제: 마음먹기

○

57
지독하게 쓴 달콤함

예수의 뒤로 그 발 곁에 서서 울며 눈물로 그 발을 적시고
자기 머리털로 닦고 그 발에 입맞추고 향유를 부으니

- 누가복음 7:38

인생은 잔혹합니다. 달콤하게 왔다가 지독하게 쓰게 지나갑
니다. 꿈은 산산히 부서지고 절망적인 현실은 오래갑니다.

눈물은 눈물을 낳습니다. 슬픔이 슬픔을 붙잡습니다. 마음
은 늘 혼란을 경험하고 흔들립니다. 무정한 도시는 고독을 부추
깁니다. 노력은 헛되고 결과는 항상 패배를 부릅니다. 곱던 피
부는 어느새 초라해지고 청춘은 거짓말처럼 사라집니다. 친구
들도 하나둘씩 떠나고 이제 낯선 사람들과 상대하며 외로움의

친구가 됩니다.

인생은 창녀로 전락하고 거리의 여자가 되어 떠돕니다. 웃음을 팔아야 살아남습니다. 인생은 사표가 없습니다. 절대 절망에서 스스로 나올 수 없습니다. 무심하고 비아냥거리는 눈들만이 가득할 뿐입니다. 나의 고독을 알 수 있는 사람은 없습니다.

그 순간, 여인은 예수를 생각했을까요? 예수의 뒤에서 그녀는 무언가를 준비합니다. 눈물의 인생을 예수에게 쏟아놓습니다. 순결한 머리털이 예수의 발에 닿을 때 여인은 어떤 느낌을 받았을까요? 그녀의 눈물이 발등에 떨어질 때 예수는 무슨 생각을 하셨을까요? 마침내 여인의 입술이 예수의 발에 닿고 향유가 부어집니다. 그녀의 인생과 예수의 길이 만나는 찰라의 시간, 온 우주가 말없이 멈춰섭니다.

용서와 용서의 시간입니다. 여인은 자신을 용서해야 했고, 예수는 그녀를 용서하고 계십니다. 자신의 수치를 드러내는 여인의 모습에서 나를 발견하는 것은 너무도 쉬운 일입니다. 내 안에 있는 눈물은 무엇일까요? 내가 가지고 있는 향유는 어떤 것일까요? 나의 머리털을 예수께 내려놓을 수 있을까요?

아직도 시련 가운데 있는 이유가 이 때문입니다. 바리새인의 자리에서 판단만 하는 나의 마음 때문이지요. 향유의 값을 셈하면서 미적거리며 시간을 좀먹고 있기 때문일 것입니다.

한 걸음만 더 예수께 다가서면 됩니다. 예수를 위해 한 번
더 눈물을 흘려야만 합니다. 예수는 잔혹하지 않습니다. 산산히
부서진 꿈을 다시 세우시는 분입니다. 십자가로 가는 길은 쓰지
만 결국은 달콤합니다.

○ 하루 한 문장 읽기

십자가로 가는 길은 쓰지만 결국은 달콤합니다.

○ 하루 한 문장 쓰기

주제: 십자가의 길

○

58
꾸준한 것이 가장 무섭다

못된 열매 맺는 좋은 나무가 없고 또 좋은 열매 맺는 못된
나무가 없느니라

- 누가복음 6:43

　　요행을 바라면서 사는 인생이 되지 말아야 합니다. 성실함이
재능을 이깁니다. 불의의 시대에도 꿈을 포기하지 말아야 합니
다. 꾸준한 것이 가장 무섭습니다. 실패를 두려워하지 말고 계
속 시도해야 합니다. 좋은 생각도 실천할 때 좋아지는 것입니
다. 내일로 미루지 말아야 합니다. 오늘의 삶에 충실할 때 좋은
결과가 나옵니다. 하루가 인생임을, 인생이 하루에도 결정될 수
있음을 배워야 합니다.

모든 것에는 끝이 있다

글을 쓰다보면 오타가 날 수 있습니다. 시시한 글들이 써질 때가 있습니다. 그래도 멈추지 말고 써야 합니다. 매번 좋은 글을 쓸 수 있는 것은 아닙니다. 내 것으로 만드는 과정이 제일 중요합니다. 내 것이 되기 위해서는 수많은 시간이 필요합니다. 쉽게 만들어지지 않습니다. 소소한 것들부터 특별한 것까지 내 것이 되도록 만들어가야 합니다.

좋은 열매를 맺으려면 좋은 나무가 되어야 합니다. 내 마음밭에 어떤 나무들이 자라는지 날마다 점검해야 합니다. 고난은 나무의 뿌리를 단단하게 내리게 합니다. 시련은 필요없는 가지를 잘라줍니다. 그냥 내버려두면 결코 좋은 나무가 될 수 없습니다. 조금만 어렵다고 쉽게 자리를 옮기면 안 됩니다. 한 자리에서 승부를 내야 합니다. 다른 나무들과 비교하지 말아야 합니다.

잔머리를 굴리면 약간의 이익은 있으나 오래가지는 못합니다. 진심이 중요합니다. 아주 사소한 일이라도 진심을 담아 내야만 합니다. 내 것에는 항상 매뉴얼이 있어야 합니다. 위기관리 능력이 뛰어난 팀이 승리하듯이 나만의 노하우가 반드시 필요합니다.

좋은 것은 쉽게 오지 않습니다. 성실이 욕을 먹고 진심이 안 통합니다. 세상이 그렇습니다. 인정받고 칭찬받고자 하는 욕심을 내려놓아야 합니다.

10분만 일찍 출근해 봅시다. 10분만 더 노력해 봅시다. 10분만 성실해 봅시다. 10분만 진심으로 살아 봅시다. 성공은 멀리 있는 것이 아니라 10분 거리에 있습니다.

누가 시간의 주도권을 가지고 있는지를 보면 승부를 알 수 있습니다. 요행으로는 절대 시간을 이길 수 없습니다. 좋은 나무가 되는 시간을 만들어 가야 합니다. 어려운 일이지만 한번 시도해 볼 가치가 있습니다. 후회하지 않을 인생을 살게 될 것입니다. 당신의 나무를 위해 무엇을 투자하고 있는가? 오늘이란 시간이 나에게 물어봅니다.

○ **하루 한 문장 읽기**
성실함이 재능을 이깁니다.

○ **하루 한 문장 쓰기**
주제: 성실

모든 것에는 끝이 있다

○

59
행복과 불행 사이

내가 오늘 네 행복을 위하여 네게 명하는 여호와의 명령과
규례를 지킬 것이 아니냐

- 신명기 10:13

행복은 관계에서 옵니다. 좋은 만남이 행복으로 인도합니다. 어떤 관계를 맺는지를 보면 행복을 진단할 수 있습니다. 인생은 관계 안에 있습니다. 홀로 살지만 함께 삽니다. 따로 지내지만 같이 삽니다. 단순한 관계일수록 행복감을 더 느낍니다.

행복을 돈으로 찾는 사람도 많습니다. 행복은 물질이 아닙니다. 행복을 권력으로 얻으려고 합니다. 행복은 높은 곳에 없습니다. 행복을 명예로 사려고 합니다. 행복은 희생에 있습니다.

지금 행복하지 않은 이유가 있습니다. 행복을 위한 만남이 얼마나 귀한지 모르기 때문입니다. 내 안에 미움이 가득하면 행복은 떠납니다. 일이 힘들기 때문에 불행한 것이 아닙니다. 함께 일하는 사람 때문에 힘든 것입니다. 과업을 완수하는 행복보다 과업을 함께 이뤄가는 사람으로 행복해야 합니다.

하나님은 사람의 행복으로 행복하신 분입니다. 그분의 명령과 규례는 인생을 옭아매는 규칙이 아니라 행복으로 인도하는 도구입니다. 인생은 하나님과의 관계를 통해 행복을 느낍니다. 하나님에 대해서 아는 것으로 만족하면 안 됩니다. 그분을 알려면 그분과 사귀어야 합니다.

하나님과의 사귐이 믿음입니다. 그분이 내 안에 머무는 것이 영성입니다. 거룩은 하나님과의 관계입니다. 경건은 그분과 동행하는 삶입니다.

행복은 사람에게서 옵니다. 용서가 왜 중요합니까? 상대를 용서해야만 진정한 행복이 찾아오기 때문입니다. 시기와 질투와 미움은 눈을 가립니다. 행복이 찾아와도 알아보지 못합니다. 행복을 누리지 못하고 나눠주지 못합니다.

따뜻한 커피 한 잔도 사랑하는 사람과 마실 때 행복을 줍니다. 무명의 풀잎도 좋아하는 사람과 바라볼 때 행복을 느끼게 합니다.

행복이 커진다는 말은 사람들을 더 좋아한다는 말입니다. 물론 내가 좋아하는 사람들만 만나는 것으로 행복이 커지진 않습니다.

하나님은 오늘 나의 행복을 위해 일하십니다. 내가 하는 일, 내가 만나는 사람, 내가 하는 모든 것으로 인해 행복하길 바라십니다. 행복과 불행은 사람과 사람 사이에 있습니다. 사람을 사랑하지 않고서는 결코 행복을 맛볼 수 없습니다.

○ 하루 한 문장 읽기

하나님은 오늘 나의 행복을 위해 일하십니다.

○ 하루 한 문장 쓰기

주제: 행복

○

60
삶을 버티게 하는 힘

우리가 소망으로 구원을 얻었으매 보이는 소망이 소망이
아니니 보는 것을 누가 바라리요

- 로마서 8:24

삶을 버티게 하는 힘은 절망에서 나옵니다. 절망 끝에서 우리는 소망을 만납니다. 소망을 알기 위해 절망은 필수입니다.

삶을 버티는 이유가 무엇입니까? 어떤 것을 얻기 위해 이토록 모진 세상을 살아갑니까? 절망의 대답은 소망입니다.

삶의 의미는 소망에 담겨 있습니다. 끝까지 버티게 하는 힘이 소망에서 나옵니다. 소망이 없는 사랑은 편집증이고, 소망이 사라진 믿음은 집착입니다.

삶의 가치는 소망을 배울 때 알 수 있습니다. 시작도 열정도 헌신도 소망이 있기 때문에 존재합니다. 끝까지 갈 수 없는 이유는 소망을 잃어버렸기 때문입니다.

삶의 도전은 계속되어야 합니다. 도전과 모험은 우리를 병들게 하지 않습니다. 마음의 건강은 소망 때문에 생깁니다. 삶의 긴장이 필요합니다. 무엇을 하든 이루고야 말겠다는 결단은 소망 때문입니다. 캄캄한 미래도 작은 소망의 빛이 있다면 가는 것입니다. 삶에서 닥치는 고난을 나의 것으로 만드는 것도 소망입니다. 아무리 큰 역경도 역설적으로 즐기게 됩니다. 간절한 소망이 승리합니다.

삶의 구원도 소망으로 이룹니다. 사도 바울은 소망의 소중함을 가르칩니다. 소망은 하나님의 것입니다. 소망을 얼마나 사모하고 있습니까? 소망은 보이지 않습니다. 보이는 것을 소망하지 않습니다. 보이지 않기에 소망은 뜨거워집니다. 불타는 갈망으로 인도합니다. 소망이 무너지면 삶이 무너집니다.

소망으로 사는 인생이 되세요. 소망이 나를 인도합니다. 소망하는 것만 보입니다.

사랑하는 사람의 소망을 이루는 사랑을 하세요. 나의 소망이 상대의 소망이 되는 것이 사랑입니다.

소망함으로 믿으세요. 무엇을 믿습니까? 소망하는 것을 믿는 것입니다. 소망은 막연함을 없애줍니다. 구체적인 믿음으로 성장시킵니다. 소망의 완성을 향해 가는 것이 믿음입니다.

소망하는 사람은 보여주는 사람입니다. 보이는 것이 전부가 아님을 전하는 사람입니다.

○ 하루 한 문장 읽기

삶의 가치는 소망을 배울 때 알 수 있습니다.

○ 하루 한 문장 쓰기

주제: 소망(1)

모든 것에는 끝이 있다

61
소망하는 것을 소망한다

소망의 하나님이 모든 기쁨과 평강을 믿음 안에서 너희에게 충만하게 하사 성령의 능력으로 소망이 넘치게 하시기를 원하노라

- 로마서 15:13

자연은 자연스럽습니다. 봄을 억지로 만들지 않습니다. 꽃샘추위가 마지막을 장식하면 겨울은 기꺼이 물러갑니다. 봄은 노력해서 오는 것이 아니라 순응으로 옵니다.

소망도 자연스러웠으면 좋겠습니다. 억지로 꾸는 꿈이 아니라 스며들듯이 자연스럽게 찾아오는 소망을 만나고 싶습니다. 불편을 감수하고 조급하게 만나지 말고 기다림 후에 반갑게 맞이하고 싶습니다.

기다림은 간절함도 있어야 하지만 순응하는 태도를 점검해야 합니다. 인생의 소망이 아니라 하나님의 소망이 찾아오는 것을 깨달아야 합니다. 인생의 소망이 무엇인가? 소망을 통해 얻고 싶은 것이 무엇인가? 기다리는 동안 인생은 스스로에게 질문하고 대답해야 합니다.

　　인생이 소망하는 것보다 하나님의 소망이 더 강하십니다. 인생이 하나님을 붙잡고 있는 것보다 하나님이 인생을 붙잡고 계시는 것이 더 간절하십니다. 기다림은 결국 소망의 하나님께 붙잡힘 받는 것입니다.

　　기다림은 하나님의 은혜이며 기쁨이며 충만입니다. 홀로 무언가를 기다린다는 것은 신비입니다. 인생은 기다림과 기다림의 어딘가에 있습니다. 하루를 시작하는 기다림은 설렘과 두려움이 교차합니다.

　　기다림 후를 준비하는 인생이 되어야 합니다. 소망이 이뤄진 후에 무엇을 해야 하는지 알아야 합니다. 기다림은 결과의 준비입니다. 끝을 보는 지혜를 구해야 합니다.

　　시간은 속절없이 갑니다. 기다림은 시간과의 싸움입니다. 시간의 친구가 되게 만듭니다. 내일이란 소망으로 오늘의 시간을 헛되이 쓰면 안 됩니다. 시간은 정직합니다.

　　소망에는 하나님의 뜻이 있습니다. 소망을 통해 하나님께서 인생에게 말하고 싶은 메시지가 있습니다. 기다림 속에서 하나님의 음성에 귀를 기울여야 합니다.

기다림의 늪에서 그만 나와야 합니다. 소망의 줄을 타고 천천히 빠져나와야 합니다. 망설이지 말고 소망의 배에 올라타야 합니다. 성령의 능력으로 힘차게 출발해야 합니다.

기다림의 응답은 자연스럽게 옵니다. 소망의 배는 성령의 바람에 순응해야 합니다. 인생의 기다림보다 더 멀리 나갈 것입니다. 인생의 소망보다 더 좋은 열매를 맺을 것입니다.

기다림이 피곤할 때마다 소망의 하나님을 붙잡으십시오.

○ **하루 한 문장 읽기**
소망에는 하나님의 뜻이 있습니다.

○ **하루 한 문장 쓰기**
주제: 소망(2)

○

62
침묵

하나님이여 침묵하지 마소서 하나님이여 잠잠하지 마시고
조용하지 마소서

- 시편 83:1

하나님의 침묵을 견디는 것이 인생의 승패를 결정할 때가 있습니다. 간절히 기도했는데도 잠잠하시는 하나님을 경험합니다. 인간은 몸부림쳐도 하나님은 요동하지 않으십니다. 발을 동동 굴러도 하나님은 여전히 그 자리에 계십니다.

침묵도 대답입니다. 잠잠함이 응답일 수 있습니다. 받아들이기 싫어도 낙심 속에서 조용하신 하나님을 만납니다. 침묵은 주님이 나의 마음을 만지시는 시간입니다. 잠잠함은 미래를 준비하시는 시간입니다. 조용함이 거대한 우주를 움직입니다.

세상은 시끄럽습니다. 떠들고 크게 말하는 것이 힘이라고 생각합니다. 인스턴트의 폐해는 즉각성에 있습니다. 들어간 대로 바로 나옵니다. 사람들은 분주하고 조급해졌습니다. 느리게 사는 것을 결단해야 하고 차분함을 연습해야 겨우 할 수 있습니다. 빠르고 간편한 것이 좋다고 생각합니다.

마음 속의 분노는 천천히 표출되어야 합니다. 불평하기 전에 한 번 더 생각해야 합니다. 미움을 쉽게 드러내면 안 됩니다. 진짜 용기는 곱씹는 데서 시작합니다.

하나님은 참 더디 가십니다. 지름길이 있는데도 마다하시고, 가던 길도 천천히 가십니다. 하나님은 한 걸음씩만 가십니다. 하나님의 눈은 상한 마음에 있습니다. 쉽게 이뤄지는 것은 상한 마음을 고치지 못합니다. 깊은 침묵과 긴 잠잠함에서 치유가 시작합니다.

내 안에 누가 계시는지가 중요합니다. 침묵은 만남을 위해 있습니다. 낙심하는 인생에 함께하시는 하나님의 눈물입니다. 잠잠함은 관계를 위한 것입니다. 아파하는 인생과 같이 걷는 하나님의 걸음입니다.

하나님을 제한하지 말아야 합니다. 하나님께 서운해 할 수 있습니다. 하나님이 너무 멀리 있는 것 같아 낙심할 수 있습니다. 그러나 하나님은 여전히 나를 사랑합니다.

특별한 것이 없는 인생입니다. 그저 그런 날들을 살아가는 동안 하나님의 침묵도, 잠잠함도 경험하는 인생이 되어야 합니다. 날 향한 하나님의 얼굴을 잊지 말아야 합니다.

○ **하루 한 문장 읽기**

조용함이 거대한 우주를 움직입니다.

○ **하루 한 문장 쓰기**

주제: 침묵

모든 것에는 끝이 있다

○

63
항상 긍정을 선택하라

그의 머리털이 밀린 후에 다시 자라기 시작하니라

- 사사기 16:22

깊은 절망 속에서 새로운 희망이 자라는 법입니다. 뜻대로 되지 않는 삶에서 자신의 의지를 농축하는 방법을 배우게 됩니다. 세상을 탓하지 말아야 합니다. 자신이 무능하다고 슬퍼하지 말아야 합니다. 누구의 잘못도 아닙니다. 인생은 반등과 역전의 연속입니다.

거목은 쉽게 자라지 않습니다. 한 자리에서 희노애락을 맛보면서 자랍니다. 가볍게 옮겨다니면 멋지게 자랄 수 없습니다.

당당함을 잃지 말아야 합니다. 실패는 부끄러운 것이 결코 아닙니다. 기다리고 기다렸던 시간을 대견해야 합니다. 나쁜 결과를 받아들일 줄 아는 지혜가 필요합니다. 인생의 주도권은 나에게 있지 않음을 기억해야 합니다.

인생이라는 그라운드에서 뛸 수 있음이 행복입니다. 죽음이라는 퇴장이 다가올 때까지 최선을 다해 뛰어야 합니다. 슬픔은 기쁨의 포장지입니다. 고통은 축복의 울타리입니다. 아픔은 살아있다는 증거입니다. 끝에서 다시 시작하면 됩니다.

인생은 머리카락이 잘리고 눈이 뽑힌 채로 맷돌을 돌리는 삼손과 같습니다. 의미없는 고난의 삶을 맴돌 때가 있습니다. 과거의 잘못에 묶여 살아가기도 합니다. 원수를 갚아야 하는 일념으로 살 수도 있습니다.

그럼에도 하나님의 은혜가 자랍니다. 머리카락이 밀린 그 자리에 다시 머리털이 자라 오릅니다. 감당할 수 없는 자비가 끝에서부터 다시 시작되는 것입니다.

쉽게 포기하면 안 됩니다. 어둠에서 나와야 합니다. 항상 긍정을 선택해야 합니다. 믿음은 어두울수록 빛이 나야 합니다. 다시 시작하는 것은 쉽지 않습니다. 미련과 싸워야 합니다. 아쉬움이 떠나지 않습니다. 조금만 더 했더라면 하는 마음을 이겨내야 합니다.

아직 인생에 더 좋은 것들이 남아 있습니다. 더 사랑스럽고 귀한 것들이 기다리고 있습니다. 좌절과 실패를 통해 진짜 나를 만나게 됩니다. 스스로를 위로합시다. 스스로에게 다짐합시다. 어제의 실패를 두려워하지 말아야 합니다. 내일의 희망을 붙잡아야 합니다. 오늘을 사는 지혜를 날마다 배워야 합니다.

하나님께서 호루라기를 불 때까지 부끄럽지 않게 뛰고 달리며 매일을 새롭게 시작해야 합니다.

○ **하루 한 문장 읽기**

끝에서 다시 시작하면 됩니다.

○ **하루 한 문장 쓰기**

주제: 오늘을 사는 지혜

○

64
길

～～～～～～～～～～～～～～～

여호와여 내가 알거니와 사람의 길이 자신에게 있지 아니
하니 걸음을 지도함이 걷는자에게 있지 아니하니이다

- 예레미야 10:23

～～～～～～～～～～～～～～～

　무엇을 아는지는 참으로 중요합니다. 하물며 자신이 걷는 길을 아는 것은 너무나 소중합니다.

　내가 걷고 있는 길은 어떤 길인가요? 최선을 다한 길이며 스스로 만들어 가던 길입니다. 걷는 것이 한없이 기쁘고 보람있는 길입니다. 그럼에도 길이 나에게 물어볼 때마다 나는 대답하지 못합니다. 나이가 어느 정도 들면 알 수 있으리라 생각했습니다. 걷다 보면 여러 가지 경험을 통해 배울 수 있으리라 기대했

습니다. 그러나 오래 걸을수록 길을 걷는 것이 부담스럽습니다.

길을 걷다 넘어진 사람들이 얼마나 많습니까? 엉뚱한 길에서 눈물 흘리는 사람들도 많습니다. 선택의 길에서 어떤 길을 갈지 몰라 머물러 있는 사람들도 적지 않습니다. 인생의 길을 걷는 것이 만만치 않습니다. 나의 길을 침범하는 사람들로 고통을 당하기도 합니다. 길이 험해 중도에 포기하고 싶은 마음이 들기도 합니다. 그때마다 내 길을 지도하는 분이 있으면 하고 생각합니다. 사람들은 길을 안내하는 사람들을 찾습니다.

예수는 사람의 길에서 만나는 참된 안내자입니다. 내가 걷는 이 길을 알고 계시는 유일한 분이십니다. 나보다 한발 앞서 따라오라고 따뜻한 미소를 짓습니다.

예수가 인도하는 길은 좁습니다. 그래서 선뜻 가려지 않습니다. 조금만 따라가다 보면 등골이 오싹해집니다. 넓은 길도 축복의 길도 아닙니다. 예수는 항상 길 위에 있습니다. 길에서 살아가는 가난한 자, 작은 자들의 친구셨습니다. 예수는 길에서 먹고 이야기하고 주무셨습니다.

길에서 기다림을 배웁니다. 사람들을 만나고, 무언가를 결정하고, 사명을 이뤄가면서 어떤 경우에는 길에서 한없이 기다려야 합니다. 내가 걷는 이 길에 대한 믿음이 없다면 아무리 넓은 길도 부담스럽습니다. 내가 걷는 길에서 만나는 사람을 사랑하지 못한다면 아무리 좋은 길이라도 외롭습니다.

길보다 중요한 것은 사람입니다. 수단과 방법을 가리지 않고 길을 가고 있다면 멈춰야 합니다. 사람들과 함께 가는 법을 배워야 합니다. 나와 함께 가는 사람들을 먼저 좋아해야 합니다. 사람의 길, 세상의 길, 예수의 길. 다른 듯이 같이 걷는 길입니다. 그러나 같이 걷는 듯 다른 길을 가는 참 재미있는 인생길입니다.

○ **하루 한 문장 읽기**

예수는 사람의 길에서 만나는 참된 안내자입니다.

○ **하루 한 문장 쓰기**

주제: 안내자

○

65
모든 것에는 끝이 있다

이에 제자들에게 오사 이르시되 이제는 자고 쉬라 보라 때
가 가까이 왔으니 인자가 죄인의 손에 팔리느니라

- 마태복음 26:45

모든 것에는 끝이 있습니다. 하고 싶어도 마쳐야 할 때가 있습니다. 불꽃처럼 타오를 때가 있고 차갑게 식어버린 재처럼 될 때가 있습니다.

모든 것은 지나갑니다. 하지만 흔적이 남아 있습니다. 어떻게 살았는지 시간이 말해줍니다. 자고 일어난다고 완전히 다시 시작하는 것은 없습니다.

모든 것을 책임질 수 없습니다. 그러나 지난 시간에 대한 책

임을 피할 수도 없습니다. 세상을 탓하는 순진한 마음을 내려놓아야 합니다.

모든 것을 이룰 수도 없습니다. 하나에 하나씩, 인생의 때마다 이뤄야 하는 것들이 있을 뿐입니다. 부담스럽고 힘든 시간이지만 묵묵히 견뎌야 합니다.

모든 시간을 빛나게 살 수는 없습니다. 오히려 어둡고 힘든 수고와 인내의 시간이 오래 남습니다. 스스로 빛을 내려는 욕심을 벗어야 합니다.

모든 것을 정산할 때가 옵니다. 흘려보내고 기억하고 싶지 않은 것까지 들춰내야 합니다. 숨기고 싶은 것들이 먼저 드러납니다. 모든 사건에는 때가 있습니다. 기도할 때가 있고, 쉬어야 할 때가 있습니다. 깨어 있어야 할 때가 있고, 자야할 때가 있습니다.

새벽이 물러가고 아침이 다가오는 시간에 예수는 제자들에게 때가 가까이 왔음을 알립니다. 지금은 제자의 때가 아니라 예수의 시간이 되었음을 선포합니다. 제자들이 애쓰고 수고하며 기도할 때입니다. 제자들은 겟세마네 동산에서 최선을 다해 주님을 위해 함께 기도해야 합니다. 그러나 제자의 한계를 인정해야 합니다.

모든 것은 예수로 시작하여 예수로 흘러갑니다. 모든 일들

모든 것에는 끝이 있다

이 합력하여 선을 이루는 시간이 되었습니다. 누구는 배신하고, 누구는 도망가고, 누구는 부인하는 시간입니다. 그 중심에 예수가 있습니다. 예수의 길과 제자들의 길이 나뉩니다. 함께 갈 수 없는 고독의 길입니다. 아무도 탓하지 않습니다. 누구도 책망하지 않습니다. 그 때가 되면 다시 만나기 때문입니다.

스스로에게 부끄럽지 않은 인생이 됩시다. 인생에 겟세마네를 만들어 놓읍시다. 그곳에서 예수와 함께 절망도 하고, 아픔도 경험하고, 의심도 합시다. 그리고 새벽을 맞이합시다.

세상이 절망케 해도, 사람이 아프게 해도, 사탄이 의심을 심어도 새벽은 반드시 옵니다.

○ 하루 한 문장 읽기

모든 것을 정산할 때가 옵니다.

○ 하루 한 문장 쓰기

주제: 끝

○

66
지독히 외로운 인생

이에 말씀하시되 내 마음이 매우 고민하여 죽게 되었으니
너희는 여기 머물러 나와 함께 깨어 있으라 하시고

- 마태복음 26:38

인생은 고독합니다. 지독히 외롭습니다. 결정적인 순간마다 인생은 혼자 남습니다. 영적인 사건일수록 더욱 심합니다.

너무 지나치게 접근하는 사람, 너무 우습게 대하는 사람, 너무 얍삽하게 움직이는 사람, 너무 무식하게 대드는 사람들 틈에서 인생은 혼자입니다.

인생은 하루도 빠짐없이 고민합니다. 한 순간도 앞을 예측할 수 없기에, 미리 알고 있는 문제로 인해 염려에 묻혀 삽니다.

마음이 흔들리고 심지가 무너집니다. 고비를 넘기지 못하고 그르친 일이 한둘이 아닙니다. 조금만 참을 걸 하는 후회가 너무 많습니다.

인생은 함께 깨어 있는 벗이 필요합니다. 한 시간만이라도, 한 순간이라도 깨어 있는 친구를 통해 모든 문제를 이길 수 있습니다.

예수의 길과 제자들의 길이 다르기에 고민도 다릅니다. 예수의 생각과 제자들의 생각이 다르기에 깨어 있음이 다릅니다. 오늘밤이 지나면 십자가의 길을 가려는 예수와 내일이면 우의정, 좌의정으로 올라가려는 제자들이 함께 있습니다.

예수와 함께하지 못하는 이유가 무엇입니까? 예수와 함께 깨어 있지 못하는 이유가 어떤 것입니까? 고민이 다르기 때문입니다. 예수는 죽는 고민을 하고, 제자는 살려는 고민을 합니다. 예수는 내려가는 고민을 하고 제자들은 올라가는 고민을 합니다. 예수의 기도와 제자들의 기도가 다를 수밖에 없습니다.

제자는 구경꾼이 아닙니다. 제자는 지지자들이 아닙니다. 제자는 고민을 함께하는 동역자입니다. 제자는 함께 깨어 있는 기도자입니다.

깨어 있을 때 자고, 자야 할 때 깨어 있는 어리석은 사람이 되면 큰일입니다. 한낮에도 멈춰야 할 때가 있고, 깊은 밤에도 달려야 할 때가 있습니다.

　인생의 고민을 점검해야 합니다. 고민의 차원을 수정해야 합니다. 예수의 고민이 나의 고민이 되도록 애써야 합니다. 깨어 있는 고민, 잠들 수 없는 고민을 해야 합니다. 인생은 고민의 문제입니다. 꿈도, 사랑도, 믿음도 결국 고민의 산물입니다. 고민의 힘을 키워야 합니다. 하늘의 고민, 영원을 위한 고민이 필요합니다.

　고민하는 사람이 새벽을 맞이합니다. 깨어 있는 사람이 내일을 만들어 갑니다.

○ 하루 한 문장 읽기

예수의 고민이 나의 고민이 되도록 애써야 합니다.

○ 하루 한 문장 쓰기

주제: 나의 고민

○

67
소원은 마음에 닿아 있다

또 여호와를 기뻐하라 그가 네 마음의 소원을 네게 이루어
주시리로다

- 시편 37:4

우선순위가 바뀌면 마음이 혼란스럽습니다. 중요한 일보다
영적인 일이 우선임을 배우지 못했습니다.

세상은 급한 일보다 중요한 일을 먼저 하라고 말합니다. 허
나 세상은 그 중요한 일이 무엇인지 가르쳐주지 않았습니다. 도
대체 중요한 일이 무엇입니까? 바로 영적인 일입니다. 육체의
한계를 아우르는 영혼의 기쁨입니다.

영적인 일에 무심하거나, 영적인 일이 우선순위에서 밀리기

때문에 인생은 기쁨을 상실하였습니다. 어떤 성취를 이뤄도 기쁨은 잠시입니다. 탐욕이 지배하는 세상에서 인생은 더 큰 기쁨을 소유하기 위해 진정한 기쁨을 미룹니다.

영적인 일이란 무엇입니까? 시인은 담백하게 말합니다. 하나님을 기뻐하는 일. 영혼이 하나님으로 기뻐하는 일이 영적인 일입니다. 하나님을 알아가는 기쁨, 하나님의 마음을 배우는 기쁨, 하나님의 소원을 이뤄드리는 기쁨이 있어야 합니다. 영혼이 기뻐해야 인생도 기쁩니다. 영이 어떤 기쁨으로 충만한지 알아야 합니다. 영과 영이 만나야 기쁨이 솟아납니다.

하나님의 말씀을 먹어야 합니다. 말씀 안에 인생의 진짜 기쁨이 담겨 있습니다. 영혼은 말씀과 접촉할 때 무한한 기쁨을 누립니다.

육신이 기뻐하는 일도 중요합니다. 그러나 영이 기뻐하는 일에 더 집중해야 합니다. 기도와 찬양, 말씀과 순종을 통해 하나님을 닮아 가는 기쁨을 누려야 합니다.

하나님을 기뻐할 때 마음의 소원이 이뤄집니다. 소원은 마음에 닿아 있습니다. 소원은 마음을 통해 동력을 얻습니다. 소원은 마음이 만족할 때까지 멈추지 않습니다. 그러므로 마음에 무엇을 담을지, 마음을 누가 움직이는지가 대단히 중요합니다.

헛바퀴 도는 듯한 인생이라면 마음의 소원을 점검해야 합니

모든 것에는 끝이 있다

다. 마음의 소원이 무엇인지 분명히 알아야 합니다. 그 소원을 이루는 목적이 분명해야 합니다.

마음의 기쁨을 다시 회복해야 합니다. 하나님으로 기쁨을 채워야 합니다. 세상이 주는 기쁨에 만족하지 말아야 합니다. 기쁨과 소원은 닮았습니다.

인생의 우선순위를 영적인 것으로 맞춰야 합니다. 차분히 기다릴 줄 알아야 합니다. 육신의 기쁨은 찰라지만 영혼의 기쁨은 영원하기 때문입니다.

○ **하루 한 문장 읽기**

인생의 우선순위를 영적인 것으로 맞춰야 합니다.

○ **하루 한 문장 쓰기**

주제: 우선순위

○

68
미치도록 이기고 싶다

〰〰〰〰〰〰〰〰〰〰

싸울 날을 위하여 마병을 예비하거니와 이김은 여호와께
있느니라

- 잠언 21:31

〰〰〰〰〰〰〰〰〰〰

미치도록 이기고 싶습니다. 반드시 이겨내야 합니다. 이곳
에서 승부가 나야 합니다. 피할 곳도 숨을 곳도 없습니다.

물러서지 않는 용기가 필요합니다. 피투성이가 되어도 견뎌
야 합니다. 잘하는 것이 없다고 실망하지 말아야 합니다.

승리는 승리를 부릅니다. 실패는 실패를 낳습니다. 적당히
요령 부려서 이길 수 없습니다. 정면으로 맞서 싸워야 합니다.
이길 수 있는 모든 방법을 강구해야 합니다. 이겨야 하는 간절

함이 묻어나야 합니다. 적당히 하는 습관을 부셔야 합니다.

도전은 한꺼번에 옵니다. 정신없이 몰아치는 시련에 맥없이 당하면 큰일입니다. 심지를 견고하게 하고 강단을 단단히 세워야 합니다. 넘어진 자리에서 툴툴 털고 일어나야 합니다. 넘어지는 것은 부끄러운 일이 아닙니다. 넘어진 채로 포기하는 것이 창피한 일입니다.

이김을 위해 무엇을 준비합니까? 나의 마병은 얼마나 되나요? 나의 도구들을 능란하게 사용할 수 있습니까?

상대는 만만하지 않습니다. 세상은 거칩니다. 나의 약점을 너무나 잘 알고 있습니다. 악한 마귀는 심리전의 귀재입니다. 착하게 살기보다 지혜롭게 살아야 합니다. 건전하게 지내기보다 강건하게 지내야 합니다. 약한 것이 자랑이 아닙니다. 약함을 제대로 선용하는 것이 중요합니다.

패하는 것은 정말 싫다. 뒤로 물러서는 것은 용납이 안 된다. 도망가는 인생으로 살지 말자. 날마다 각오를 다져야 합니다. 자신을 직면해야 합니다. 잘하는 일과 못하는 일을 구별할 줄 알아야 합니다. 앞서 나갈 때와 잠시 머물 때를 분별해야 합니다.

스스로에게 물어야 합니다. 이 싸움에 대한 의미를 알고 있는가? 이길 수 있는 확신이 있는가? 이기기 위해 무엇을 해야 하는가?

최악의 수는 우연히 이기는 것입니다. 어쩌다 승리하는 것입니다. 왜 이겼는지 모르는 승리입니다. 무엇으로 이겼는지 모르는 승리입니다. 서두르지 말아야 합니다. 이김은 하나님께 있고, 내가 해야 할 몫은 따로 있습니다. 남과 절대 비교하지 말아야 합니다. 준비없음을 합리화하지 말아야 합니다. 비겁하게 어물쩡 넘어가지 말아야 합니다.

치열할 것입니다. 비루할 것입니다. 캄캄할 것입니다. 꼼짝 못하고 당할 수도 있습니다. 계속 실패할 수도 있습니다. 거기서 다시 시작하십시오. 진짜 싸움은 아직 시작되지 않았습니다.

○ 하루 한 문장 읽기

진짜 싸움은 아직 시작되지 않았습니다.

○ 하루 한 문장 쓰기

주제: 영적 전쟁

69
오래된 시간

너는 여호와를 기다릴지어다 강하고 담대하며 여호와를 기
다릴지어다

- 시편 27:14

하나님께서 인생을 감추실 때가 있습니다. 하나님의 그늘에
서 준비시키십니다. 납작 엎드리는 법을 배우게 하십니다.

빨리 일을 이루고 싶은 마음을 다듬으십니다. 하나님의 때
를 놓치는 어리석음을 대비시키십니다. 인생의 가장 소중한 것
이 드러날 때까지 감추십니다. 인생이 어두워지는 것을 두려워
하지 말아야 합니다. 앞이 막힐 때마다 마음의 심연을 추슬러야
합니다. 불안해하기에는 이릅니다.

하나님께서 숨으실 때가 있습니다. 간절히 부르짖어도 만나 주시지 않습니다. 오래 버티는 법을 깨닫게 하십니다. 기다리는 시간이 항상 어렵습니다.

인생의 시간이 멈춰야 하나님의 시간이 흘러갑니다. 생각하지 않은 때에 하나님께서 임재하십니다. 하나님은 인생의 믿음을 알고 싶어 하십니다. 기도의 자리에서 믿음이 자랍니다. 포기하기에는 이릅니다.

기다림의 기술을 터득해야 합니다. 기다림은 가만히 있는 것이 아닙니다. 기다리는 동안 견딜 수 있는 힘을 키워야 합니다. 기다릴 수 있는 은혜를 구해야 합니다. 인생은 기다리기 어려워합니다. 쉽게 포기하고 낙심합니다. 기다림은 하늘에서 주워집니다.

끝까지 견딜 수 있는 담대함을 가져야 합니다. 마지막을 버티지 못해 기다림을 포기하는 인생이 적지 않습니다. 기다림을 위한 기다림은 안 됩니다.

기다림 속에 하나님의 신비가 담겨 있습니다. 성급한 마음을 만지시는 은혜가 있습니다. 조급한 시간에 묶여 있는 삶을 풀어주십니다.

기다림은 하나님께 인생을 감추고 있는 시간입니다. 기다림을 통해 하나님의 마음을 알아야 합니다. 하나님의 때를 분별해야 합니다.

기다림은 하나님께서 인생 앞에서 숨어 있는 시간입니다. 기다림을 통해 하나님의 선한 의도를 알아야 합니다. 하나님의 뜻을 깨달아야 합니다.

기다림은 하나님께서 인생의 뒤에 계시는 시간입니다. 기다리는 동안 믿음의 확신을 키워야 합니다. 하나님의 시간을 맞춰 가야 합니다.

기다리는 동안 기다림 이후의 기다림을 준비해야 합니다.

○ **하루 한 문장 읽기**
기다리는 동안 기다림 이후의 기다림을 준비해야 합니다.

○ **하루 한 문장 쓰기**
주제: 기다림(1)

○

70
아침을 기다리지 마라

파수꾼이 아침을 기다림보다 내 영혼이 주를 더 기다리나
니 참으로 파수꾼이 아침을 기다림보다 더하도다

- 시편 130:6

하나님은 기다리는 동안 인생을 만지십니다. 기다림은 성숙
의 시간입니다. 미약한 인생이 강건해지고 자기만 알던 어리석
음에서 타자를 보는 지혜를 배웁니다.

기다림은 하나님과의 대면의 시간입니다. 오랜 기다림 속에서
하나님의 깊은 마음에 들어갑니다. 인생의 힘이 아니라 하나님
의 은혜로 시작됩니다.

기다림은 힘을 빼는 시간입니다. 잔뜩 힘이 들어간 어깨를

풀 수 있는 시간입니다. 잘해야 하는 마음을 내려놓고 제대로 하려는 겸손을 터득합니다.

기다림은 속도 조절입니다. 빨리가는 것보다 제대로 가고 있는지 점검할 수 있습니다. 새벽을 기다리는 조급함에서 벗어나 어둠을 즐길 수 있는 여유가 생깁니다.

어둠을 좋아하는 인생은 없습니다. 그렇다고 어둠이 모두 나쁜 것은 아닙니다. 어두운 감옥에서 요셉은 하나님의 은혜를 받았고, 사도 바울은 힘차게 찬송하여 묶임에서 벗어났습니다. 기다림은 기적의 시간입니다. 기다릴 수 있는 것이 기적이고 기대하는 것이 기적이며 기도하는 마음이 기적입니다. 기다림 속에서 주님을 만나는 것이 기적입니다.

마침내 아침은 옵니다. 아침은 어둠을 통과한 사람들의 몫입니다. 아침은 기다리는 사람에게 가장 먼저 찾아옵니다. 아침은 기적의 시간이며 기다림의 첫 열매입니다. 아침은 창조의 시간입니다.

파수꾼의 간절함이 있어야 합니다. 자신의 자리가 얼마나 소중한지 알아야 합니다. 기다림의 자리가 영혼의 자리입니다. 주님을 만나는 복된 장소입니다. 기다림의 망루를 날마나 손질하고 아껴야 합니다.

기다림의 소식이 곧 들려올 것입니다. 하나님의 섭리가 운

행하고 역사하는 소식이 귓가에 머물 것입니다. 파수꾼에게는 아침의 소식이 들립니다. 세미한 주님의 음성을 듣게 됩니다.

기다림의 한 매듭을 짓고 새로이 출발합시다. 기쁨과 평강의 소식을 붙잡고 나갑시다. 성령의 능력의 충만함으로 전진합시다. 주님과 손 잡고 진군하는 인생이 됩시다.

긴 시간을 용케도 견디고 버텼습니다. 홀로 기다리는 시간이 헛되지 않았음을 알게 될 것입니다. 허리를 동이고 힘차게 뛰어갑시다. 기다리는 자에게 주님의 영광이 임합니다.

인생의 아침은 지금부터 시작입니다.

○ **하루 한 문장 읽기**

기다림은 하나님과의 대면의 시간입니다.

○ **하루 한 문장 쓰기**

주제: 기다림(2)

○

기

은혜

여호와께서 기다리시나니 이는 너희에게 은혜를 베풀려 하
심이요 일어나시리니 이는 너희를 긍휼히 여기려 하심이라
대저 여호와는 정의의 하나님이심이라 그를 기다리는 자마
다 복이 있도다

- 이사야 30:18

인생이 지치는 것은 기다림 때문입니다. 꿈을 꾸고 믿음이
불타오를 때에는 피곤해도 지치지 않습니다. 고단한 행군에도
몸과 마음은 가볍습니다.

기다림은 늪과 같습니다. 기다림을 항상 의식하게 되고 마
음은 달아오릅니다. 입으로는 하나님께서 하신다고 말하지만
마음은 조급합니다.

하나님도 인생을 기다리고 있음을 알아야 합니다. 하나님은

시간 밖에 계시지만 항상 시간 안에서 역사하십니다. 시간의 흐름을 만드시는 분이시지만 시간의 파도를 즐기십니다. 하나님의 시간과 인생의 시간이 맞을 때까지 묵묵히 기다리십니다. 한 사람의 준비가 아니라 환경과 공동체, 그리고 시대가 준비될 때까지 기다리시는 하나님이십니다.

하나님의 기다림에는 은혜가 담겨 있습니다. 기다릴 줄 모르는 인생에게 견딤의 길이를 깨닫게 하십니다. 기다리는 과정을 하나씩 밟아야 비로소 은혜가 보이는 것을 알게 하십니다.

기다림을 통해 인생은 하나님, 그분을 기다리는 것을 배우게 됩니다. 땅의 것을 기다리다가 하늘의 것을 기다리게 됩니다. 인생이 기다려야 하는 것은 소원이 아니라 하나님임을 알게 됩니다.

하나님의 긍휼은 기다리는 자의 몫입니다. 기다리는 것을 실패하는 사람은 그의 모든 노력이 헛수고로 돌아갑니다. 불타는 열정도, 뜨거운 사랑도, 꿈꾸는 사명도, 희생의 대가도 기다림에서 완성됩니다.

기다리는 동안 인생을 점검해야 합니다. 내면의 동기와 사역의 태도를 바르게 해야 합니다. 하나님을 향한 믿음에서 시작해야 합니다. 애절한 기도가 멈추지 말아야 합니다.

기다림의 고통은 쓰지만 기다림의 열매는 달콤합니다. 고통의 길이만큼 열매의 풍성함이 달립니다. 무슨 일이 있어도 기다리는 동안 절망하지 말아야 합니다. 어떤 공격이 오더라도 포기하면 안 됩니다.

기다리는 동안 어설픈 위로를 기대하지 말아야 합니다. 혼자 꿋꿋하게 견디고 버텨야 합니다. 기다리는 시간을 낭비하지 말아야 합니다. 기다림은 사역의 자산이 됩니다. 기다리는 동안에 무엇을 하는지가 인생의 승패를 가릅니다. 기다리는 것만이 남습니다.

○ 하루 한 문장 읽기

하나님의 긍휼은 기다리는 자의 몫입니다.

○ 하루 한 문장 쓰기

주제: 기다림(3)

○

72
모두가 떠난 자리

나를 주 앞에서 쫓아내지 마시며 주의 성령을 내게서 거두
지 마소서

- 시편 51:11

　　인생은 두려움에 삽니다. 가지고 있는 것을 빼앗길까 두려
워합니다. 사랑하는 사람이 떠날까 두렵습니다. 인정받지 못할
까 두렵습니다. 두려움을 감추기 위해 더 많이 쌓아 놓습니다.
지나치게 집착합니다. 좋아하지도 않는 일에 몰두합니다.

　　세상의 치열한 경쟁 속에서 빼앗기지 않기 위해 편법을 동원
합니다. 빼앗기 위해 불법을 자행합니다.

　　인생에서 무엇이 가장 중요합니까? 마음에 심은 성품의 나

모든 것에는 끝이 있다

무들은 잘 자라고 있나요? 성령이 마음에 내주하고 있습니까?

죄는 끝을 보지 못하게 합니다. 하나를 얻기 위해 모든 것을 빼앗긴다는 사실을 망각하게 합니다. 유혹의 끝은 타락이 아니라 모든 것을 빼앗기는 것입니다.

시인은 두려워합니다. 인생의 전부인 성령을 거두어 가는 것을 견디지 못합니다. 죄로 인한 극심한 고통은 성령님과의 단절입니다.

유혹을 이기는 인생은 아무도 없습니다. 작은 유혹에서 큰 유혹까지 우리를 넘어뜨리는 장애물들이 너무 많습니다. 죄를 자행하는 것을 두려워해야 합니다. 스스로 죄를 이길 수 있다는 착각만큼 무서운 것도 없습니다. 인생은 죄를 한꺼번에 이길 수 없습니다. 죄로 넘어질 때 성령님을 기억해야 합니다. 죄의 굴레에서 벗어날 수 있는 유일한 길은 성령님 안에 있는 것뿐입니다.

성령님이 내 안에 머무러 있도록 간구해야 합니다. 성령님이 인생을 다스리도록 마음을 내드려야 합니다. 성령님과 날마다 동행할 수 있도록 부단히 노력해야 합니다.

무엇을 빼앗기고 있는지도 모르면서 삽니다. 무엇을 지켜야 하는지도 모르는 게 인생입니다. 정신을 바짝 차리지 않으면 모든 것을 빼앗깁니다.

사람과 싸우기 전에 죄와 싸워야 합니다. 사람을 사랑하기 전에 성령님을 사모해야 합니다. 사람은 떠날 수 있지만 성령님은 절대 떠나 보내서는 안 됩니다. 모두가 떠난 자리에서도 결코 포기하지 말고 간절히 구해야 말.

주의 성령을 내게서 거두지 마소서.

○ 하루 한 문장 읽기

사람을 사랑하기 전에 성령님을 사모해야 합니다.

○ 하루 한 문장 쓰기

주제: 성령

○

73
자기 자리를 아는 지혜

무릇 자기를 높이는 자는 낮아지고 자기를 낮추는 자는
높아지리라

- 누가복음 14:11

현대인은 평판에 시달립니다. 일을 잘 하는 사람, 성품이 좋은 사람, 관계가 원만한 사람이 되어야 합니다.

인정 받기 위해 일하고 성공하기 위해 관계가 중요합니다. 작은 실수도 용납 받지 못하고 과업은 반드시 완수해야 합니다. 결국 높은 자리에 있는 사람들에게 잘 보여야 합니다. 그래야 나도 언젠가 높은 자리에 올라갑니다.

낮은 자리에 있는 것을 견디지 못합니다. 낮은 자리는 사람도 낮게 봅니다. 낮은 자리는 종의 자리입니다. 인생에는 자리 순이 작동합니다. 자리순이 행복순은 아닌데도 말입니다.

예수님은 오히려 낮은 자리에 앉으라 말씀하십니다. 자신을 낮추는 사람이 높아진다고 말합니다. 진리는 단순하지만 지키기 어렵습니다. 원리는 간단한데 실행은 복잡합니다.

나보다 높은 사람이 항상 있음을 기억해야 합니다. 겸손은 나를 낮추고 남을 높이는 사이에 있습니다. 자리에 연연해야 합니다. 그러나 자리가 전부가 아님을 알아야 합니다. 높은 자리를 양보해야 할 때가 있습니다. 아니, 높은 자리를 빼앗길 때가 반드시 옵니다. 올라간 자리만큼 내려가야 할 자리가 깊습니다.

낮은 자리는 마음이 편한 자리가 아닙니다. 올라가야 하는 강박의 자리입니다. 낮은 자리가 얼마나 힘든지를 배워야 인생을 제대로 알 수 있습니다.

높음과 낮음의 간극은 하늘과 땅 차이만큼 클 수 있습니다. 도저히 올라가지 못할 수도 있습니다. 주님은 바로 그곳에서 시작하라고 합니다.

자기 자리를 아는 것이 지혜입니다. 있어야 할 자리, 피해야 할 자리를 아는 것이 중요합니다. 삶의 자리에서 우리는 만남을 이어갑니다.

스스로 높아지기는 참 어렵습니다. 스스로 높이 올라간 자리를 지키는 것은 더욱 어렵습니다. 스스로 올라간 자리에서 내려오는 것은 거의 죽음입니다. 오히려 스스로 내려간 자리가 쉽습니다. 스스로 내려간 자리를 지키는 건 어렵지 않습니다. 스스로 내려간 자리에서 새로운 생명을 만납니다.

인생은 자리 싸움입니다. 그러나 자리에 목숨을 걸지는 말아야 합니다. 내 삶의 자리에서 평안을 얻어야 합니다. 낮은 자리에도 감사해야 합니다. 혹시 높은 자리라면 겸손함으로 섬기십시오.

○ 하루 한 문장 읽기

겸손은 나를 낮추고 남을 높이는 사이에 있습니다.

○ 하루 한 문장 쓰기

주제: 낮은 자리

_____

_____

_____

○

74
질문하는 사람이 순종한다

예수께서 대답하여 이르시되 악하고 음란한 세대가 표적을
구하나 선지자 요나의 표적 밖에는 보일 표적이 없느니라

- 마태복음 12:39

　도둑이 제 발 저리지 않는 시대입니다. 도둑이 너무 많아 진
짜 도둑이 누구인지 모르면서 살아갑니다. 모방 도둑, 어설픈
도둑들이 차고 넘칩니다.

　믿는 도끼도 없이 발등이 찍히는 세대입니다. 마음을 나눌
사람이 없습니다. 가짜 사랑이 사람을 속입니다. 가짜 믿음이
사람을 그립게 만듭니다.

　진리를 훔쳐가도 무심합니다. 사랑을 빼앗겨도 비통하지 않

습니다. 믿음을 상실했는데 억울해 하지 않습니다. 지켜야 할 것은 지키지 못하고, 지키지 않아도 되는 것에 미련이 잔뜩 남아 있습니다.

보이는 표적에 목숨을 겁니다. 정의는 편법에 팔아먹고, 사랑은 조건이 된지 오래며 믿음은 퇴색해 버려 능력을 상실했습니다.

몰라서 못하는 것이 아니라 악해서 안 합니다. 남의 아픔을 공감하지 못하고 자신의 상처로 상대를 아프게만 합니다. 악한 것이 무엇인지 모릅니다. 더 잔인하고 더 거칠수록 관심을 받습니다. 왜곡된 마음에 상처는 깊어가는데 입으로 힐링만을 외칩니다.

치유는 눈물에 있음을 아는지 모르는지 악어의 눈물만 흘리고 있습니다. 시대를 바꾸기 전에 자신을 변화시켜야 함을 배우지 못합니다.

음란이 만연되고 있습니다. 정욕이 난무합니다. 이기심으로 가득한 세상은 작은 촛불을 여지없이 꺼지게 만듭니다. 달라지는 것이 아무것도 없다고 말하며 미리 포기합니다.

예수는 요나의 표적을 말씀합니다. 깊은 밤을 경험한 요나의 모습에서 주님의 모습을 발견합니다. 악하고 음란한 세대의 치유는 힐링이 아니라 회개라고 선포하십니다.

인생의 문제는 힐링의 문제가 아니라 회개의 문제입니다. 양심이 화인을 맞아 회개하지 않습니다. 죄악의 모습을 벗으려 하지 않습니다. 마음의 질병을 감기 정도로 생각합니다.

이 시대의 문제는 거룩의 문제입니다. 거룩이 사라진 자리에 죄악이 가득하게 되었습니다. 잠깐의 쾌락을 위해 영원한 안식을 빼앗겼습니다.

돌이키지 않으면 멸망으로 나아갑니다. 마음의 눈을 떠야 합니다. 내 영혼에 생명의 빛이 들어와야 합니다. 더 늦기 전에, 더 멀리 가기 전에 돌아와야 합니다.

○ 하루 한 문장 읽기

인생의 문제는 힐링의 문제가 아니라 회개의 문제입니다.

○ 하루 한 문장 쓰기

주제: 회개

○

75
사랑은 일회용이 아니다

또한 모든 것을 해로 여김은 내 주 그리스도 예수를 아는
지식이 가장 고상하기 때문이라 내가 그를 위하여 모든 것
을 잃어버리고 배설물로 여김은 그리스도를 얻고

- 빌립보서 3:8

만남이 중요한 이유는 나를 제대로 볼 수 있기 때문입니다. 내가 가지고 있는 것이 얼마나 소중한지 알 수 있습니다. 또한 버려야 하는 것이 얼마나 많은지도 배웁니다.

새로운 게 들어오려면 익숙한 것들이 뒤로 물러나야 합니다. 희망이 들어오면 절망이 나가야 합니다. 사랑이 들어오면 미움은 떠나야 합니다.

버려야 할 것은 버리지 못하고, 버리지 말아야 할 것은 버립

니다. 사랑은 일회용이 아닙니다. 믿음은 한 번 쓰고 버리는 것이 아닙니다.

세상에서 가장 고상한 지식을 얻기 위해서 나의 것을 버려야 합니다. 사랑을 하려면 나의 것을 고집하면 안 됩니다. 내 방식과 전혀 다를 수 있음을 인정해야 합니다.

참된 사랑에 눈을 뜨면 버려야 할 것과 버리지 말아야 하는 것을 분별할 수 있습니다. 마음이 복잡한 이유는 버릴 때를 놓친 것들이 마음에 가득하기 때문입니다.

사랑할 때 버려야 하는 아까운 것이 있습니다. 믿을 때 버려야 하는 수고가 있습니다. 소망할 때 버려야 하는 가치가 있습니다. 진짜를 만나면 보입니다.

예수를 만나는 것은 모험입니다. 예수를 알수록 배설물들은 많아집니다. 예수를 믿는 것은 자기를 부인하는 것입니다. 나의 소유권을 예수에게 양도하는 것입니다.

신앙이란 나의 것을 주장하지 않는 삶입니다. 주님의 것으로 채우는 작업입니다. 무엇을 망설입니까? 어떤 것이 아깝습니까? 바로 그것을 버려야 합니다.

잘 살고 싶다면 잘 버려야 합니다.

○ 하루 한 문장 읽기

잘 살고 싶다면 잘 버려야 합니다.

○ 하루 한 문장 쓰기

주제: 버려야 할 것

4장

하나님
편으로
넘어져라

O

76
내 인생의 거인

블레셋 사람들의 진영에서 싸움을 돋우는 자가 왔는데 그의 이름은 골리앗이요 가드 사람이라 그의 키는 여섯 규빗한 뼘이요

- 사무엘상 17:4

내 인생의 거인은 무엇입니까? 나를 잡아먹기 위해 끊임없이 벽을 부수는 거인들이 너무 많습니다. 스스로 키운 거인은 없나요? 괜한 공포심에 제대로 보지 못하고 거인이라고 단정하진 않았나요?

감당할 수 없는 거인들이 많습니다. 싸울 엄두도 내지 못하고 조롱하는 소리를 꼼짝없이 듣고 있습니다. 거인은 나를 무기력하게 만듭니다. 도전해 볼 꿈도 꾸지 못하고 실패의 요소만

찾게 합니다. 되는 것보다 안 되는 것이 너무 많습니다.

거인의 내면도 클까요? 혹시 보이는 모습에만 현혹되어 거인을 너무 크게 보는 것은 아닌가요? 거인에게도 약점이 있을 것입니다.

믿음은 거인 앞에서 검증됩니다. 안전한 곳에서는 거인이 없습니다. 아니, 안전한 것을 넘어오는 거인을 만나야 합니다. 그 거인을 마주쳤을 때 어떡해야 할까요? 혼비백산하고 도망갈 건가요? 두려움에 발이 떨어지지 않고 있나요?

세상에는 거인들뿐입니다. 내 힘으로 감당할 수 없는 한계와 제도와 조직과 사람들로 가득합니다. 골리앗 앞에 있는 이스라엘입니다. 마음의 고통으로 한 발자국도 전진하지 못합니다. 내 인생은 날마다 후퇴의 연속입니다. 벼랑 끝에 선 인생입니다.

인생에 있어서 골리앗은 한 명이 아닙니다. 그 다음, 그 다음, 그 다음…. 골리앗은 계속 나타납니다. 도망갈 수도 피할 수도 없습니다. 인생이기에 거인과 싸워야 합니다. 먹히고 먹히고 먹혀도 끝날 때까지 싸워야 합니다. 비겁하게 무릎 꿇지 말고 서서 싸워야 합니다.

골리앗이 믿음을 키웁니다. 삶의 거인이 나를 성장시킵니다. 싸워보지 않은 자, 피를 튀겨 보지 못한 자, 사각의 링의 고독을 모르는 자는 거인을 모릅니다. 인생을 해맵니다.

거인을 향해 돌진하는 인생이 되어야 합니다. 주눅들지 말고 어깨를 쫙 펴는 인생이 되어야 합니다. 거인의 손에 잡혔을 때 거인의 눈을 똑바로 응시해야 합니다.

골리앗이 정말 거인입니까?

○ **하루 한 문장 읽기**

믿음은 거인 앞에서 검증됩니다.

○ **하루 한 문장 쓰기**

주제: 인생의 골리앗

○

77
영원을 사모하는 마음

너희는 여호와를 영원히 신뢰하라 주 여호와는 영원한 반
석이심이로다

- 이사야 26:4

인생이 조급한 이유는 유한하기 때문입니다. 우리는 시간의
제약을 받고 삽니다. 모든 일을 할 수 없는 이유가 여기 있습니다.
시간의 한계 속에서 어떻게 움직일 것인가를 배워야 합니다.
한 번의 몸짓이 평생을 좌우할 수 있습니다. 어설프게 살면 안
됩니다. 인생의 의미를 염두해 두고 살아야 합니다. 인생의 보
람은 먼 곳에 있지 않습니다. 상실의 아픔은 시간으로 채울 수
없습니다. 어리석은 사람은 만족하는 사람입니다. 인생에 대한

끊임없는 탐구가 있어야 합니다. 시간의 급변사태에 대비해야 합니다. 없어질 것에 투자하지 말아야 합니다. 사라지는 것에는 의미가 없습니다. 유한한 시간 안에서 무한하신 하나님을 신뢰해야 합니다. 어느 한 시간에 머물러 있으면 안 됩니다. 신뢰란 전체를 보는 안목입니다.

하나님은 지금의 모습이 아니라 인생 전체를 맡아주십니다. 영원한 것을 사모하는 마음을 주십니다. 시간의 반석이 중요합니다. 시간의 때를 놓치지 말아야 합니다. 한없이 물러날 수 없는 노릇입니다.

지금까지 내 것이라 생각했던 것들을 놓아버릴 때가 왔습니다. 진퇴양난의 어려움 속에서도 인생의 참호를 깊이 파야 합니다. 쏟아지는 포탄에도 견딜 수 있는 시간의 참호가 필요합니다. 인생은 짧고도 깁니다.

영원히 사는 은혜를 배워야 합니다. 아무도 나의 삶의 시간을 대신 살아주지 않습니다. 미쳐야 미친다(불광불급:不狂不及)는 말이 있습니다. 미친 사람의 특징 중 하나가 시간을 초월하는 것입니다. 시간을 멈춘 듯이 사용할 수 있고 반면 시간을 영원처럼 초월할 수 있습니다.

하나님을 한번 신뢰했으면 진득하게 서 있어야 합니다. 소란한 바람 한번 불었다고 호들갑을 부리지 말아야 합니다. 거친

세파의 시간을 이겨낼 수 있도록 하나님의 반석에 꼭 붙어있어야 합니다. 하늘은 스스로 돕는 자를 돕습니다. 하나님은 하나님을 신뢰하는 자의 반석이 되십니다.

○ 하루 한 문장 읽기

영원히 사는 은혜를 배워야 합니다.

○ 하루 한 문장 쓰기

주제: 영원

하나님 편으로 넘어져라

○

78
죄, 그리고 은혜

~~~~~~~~~~

그러므로 내가 한 법을 깨달았노니 곧 선을 행하기 원하는
나에게 악이 함께 있는 것이로다

- 로마서 7:21

~~~~~~~~~~

　　죄를 이기는 인생은 없습니다. 죄악된 세상에서 의롭게 사
는 것은 불가능한 것처럼 보입니다.

　　죄를 피할 수 있는 방법은 없습니다. 세상이 주는 달콤한 쾌
락에 서서히 물들어 갑니다. 죄에서 도망가는 사람도 적습니다.
죄를 미워하면서도 선을 행하는 것이 무엇인지 배우려하지 않
습니다. 육체가 자연으로부터 멀어지면 질병에 가까워지고, 영
혼이 은혜로부터 멀어지면 죄에 가까워집니다.

죄를 이기는 유일한 방법은 은혜 안으로 들어가는 것입니다.
아무리 애써도 인생은 죄를 이길 수 없습니다. 죄의 소나기에서
은혜는 우산이 되어줍니다. 비를 막을 수는 없지만 우산 안으로
들어갈 수는 있습니다. 죄에서 도망하는 것보다 은혜에 묶이는
것이 좋습니다. 참된 자유는 은혜에 속하는 것입니다.

질병이 찾아오지만 병에 걸리지 않는 것은 내성이 강하기 때
문입니다. 죄를 이기는 것은 은혜의 내성입니다.

죄를 아는 것보다 은혜를 배워야 합니다. 율법과 은혜는 동
전의 양면입니다. 율법 없는 은혜가 방종이면, 은혜 없는 율법
은 방편입니다.

바울의 의로움은 죄를 짓지 않는 곳에 있는 것이 아니라 갈
급한 은혜의 신비에 있습니다. 죄의 법에서 은혜의 법으로 나아
가야 합니다. 은혜는 완벽함을 추구하는 것이 아닙니다. 은혜는
철저한 회개에서 시작합니다. 나의 잘못이 들보라고 인정하는
것입니다.

선과 악, 죄와 은혜는 함께 있습니다. 선을 이루기 위해 악
과 맞서야 하듯이, 죄를 다스리기 위해 은혜를 알아야 합니다.
곤고한 인생이 육신의 장막을 이기는 힘은 은혜의 법칙뿐입니다.
은혜의 최고봉은 십자가의 은혜입니다. 십자가의 대속이 영원
의 문입니다.

하나님 편으로 넘어져라

죄로 물든 인생입니다. 겉모양만 화려한 속빈 인생입니다. 선으로 포장된 더러운 삶입니다.

악이 더 이상 침범하지 못하도록 은혜의 진지를 구축해야 합니다. 견고한 진을 파하는 은혜의 검을 갈고 닦아야 합니다. 욱여쌈을 당하여도 마침내 이기는 성령의 은혜의 법을 붙잡으십시오.

○ 하루 한 문장 읽기

죄를 이기는 유일한 방법은 은혜 안으로 들어가는 것입니다.

○ 하루 한 문장 쓰기

주제: 은혜

_____

_____

_____

○

79
눈물의 필요

눈물을 흘리며 씨를 뿌리는 자는 기쁨으로 거두리로다

꽃나무가 있는 곳에 꽃이 떨어집니다. 꽃이 먼저 피고 진 후에 잎이 나옵니다. 떨어지는 수고가 반드시 앞에 있어야 합니다.

구름은 그 자리에 머물지 않습니다. 항상 이동할 준비가 되어 있습니다. 바람이 먼저임을 알고 있습니다.

인생은 눈물이 필요합니다. 씨를 뿌리는 눈물이 언제나 먼저입니다. 수고하지 않은 모든 것은 신기루입니다. 무슨 눈물을 흘리는지 알아야 합니다. 무엇 때문에 울고 있는지 배워야 합니다. 누구를 위한 눈물인지 깨달아야 합니다.

눈물이 사라지고 있는 세상입니다. 헛된 눈물만 가득한 세상입니다. 자신만을 위해 눈물을 흘립니다. 남의 눈물에는 관심조차 없습니다. 이웃의 눈에 피눈물을 흘리게 만듭니다. 잔혹한 눈물이 세상에 가득합니다. 외로움에 치를 떠는 눈물만 흘립니다.

눈물은 희생입니다. 대가를 지불하는 눈물이 아름답습니다. 헌신의 제단에 눈물을 바쳐야 합니다. 이기적인 눈물을 멈춰야 합니다. 농부는 씨를 뿌리는 사람입니다. 대지에 입맞추는 씨를 성심껏 뿌립니다. 수고의 씨앗들이 사방에 퍼집니다. 씨앗을 뿌리는 수고가 선행되어야 합니다. 좋은 씨앗이 좋은 열매를 맺습니다. 좋은 씨앗이 백 배의 열매를 거둡니다.

반드시 기쁨으로 거두는 때가 옵니다. 생명은 거짓이 없습니다. 생명은 수고를 속이지 않습니다. 눈물과 기쁨 사이에는 시간이 필요합니다. 견디고 버티는 시간이 있어야 합니다. 생명을 믿어야 합니다. 눈물의 양이 기쁨의 크기를 결정합니다. 씨를 뿌리는 인생의 마음에 생명을 향한 눈물이 있어야 합니다.

눈물이 머무는 것에 기쁨도 머뭅니다. 생명이 또 다른 생명을 잉태합니다. 생명의 밥은 눈물입니다. 생명을 향한 뜨거운 눈물이 있어야 합니다. 생명의 씨앗은 눈물을 먹고 자랍니다.
기쁨은 눈물의 또 다른 이름입니다.

눈물이 있는 인생이 기쁨으로 거듭니다.

○ **하루 한 문장 읽기**

인생은 눈물이 필요합니다.

○ **하루 한 문장 쓰기**

주제: 눈물(1)

하나님 편으로 넘어져라

○

80
눈물은 결코
사라지지 않는다

나의 눈물을 주의 병에 담으소서

- 시편 56:8

　　문제 안에는 눈물이 고여 있습니다. 문제가 시작되고 문제
를 만나는 동안 하나님은 인생의 눈물을 보십니다. 어떤 눈물을
흘리는지 알고 싶어 하십니다.

　　문제를 만날 때마다 마음의 눈물을 흘려야 합니다. 눈물 없
이는 문제를 통과할 수 없습니다. 문제가 클수록 눈물도 많아집
니다. 문제의 끝에도 눈물이 있습니다.

　　눈물을 참지 말아야 합니다. 눈물을 쏟아내야 문제를 이길

수 있습니다. 문제가 아플수록 더 크게 울어야 합니다. 뜨겁게 흘러내리는 눈물을 삼켜야 문제를 직면할 수 있습니다.

원망의 눈물이 감사의 눈물이 될 때까지 울어야 합니다. 의심의 눈물이 신뢰의 눈물이 될 때까지 울어야 합니다. 절망의 눈물이 새로운 꿈의 통로가 될 때까지 멈추지 말아야 합니다.

눈물은 결코 사라지지 않습니다. 주의 병에 담기게 됩니다. 하나님 앞에서 울어야 합니다. 인생의 문제부터 시대의 아픔까지, 한 사람의 문제에서 인류의 문제를 안고 눈물을 흘려야 합니다.

눈물이 주의 병에 담길 때부터 문제를 이길 수 있습니다. 문제의 답은 눈물에 있습니다. 고통의 몸부림 속에서 믿음으로 견디는 눈물이 문제를 이깁니다. 눈물은 가장 미약한 인생의 모습이지만, 눈물은 인생을 제일 강하게 만듭니다. 용기의 원천은 눈물에 있습니다. 승리의 비결은 울음입니다.

눈물로 기도해야 합니다. 절규하고 부르짖는 눈물의 기도가 하늘 보좌를 움직입니다. 애절하게 강청하는 기도가 하나님의 마음에 닿습니다. 눈물이 사라지는 것을 아파해야 합니다. 울지 못하는 가슴에는 멍이 듭니다. 문제가 축복인 것은 눈물을 잃어버린 인생이 울 수 있기 때문입니다.

언제 울었습니까? 주의 병에 눈물이 차고 있습니까? 눈물이 말라 애통하고 있는가? 눈물로 시작해야 합니다. 눈물로 씨를 뿌려야 합니다. 눈물로 사랑하고 사랑하며 사랑해야 합니다. 눈물 없는 사역은 자랑이 되기 쉽습니다.

하나님을 만난 사람은 눈물의 사람입니다. 은혜의 분량은 눈물의 양입니다. 문제 때문에 울기 시작하다가 은혜로 인해 눈물을 흘립니다. 은혜받은 것의 증표는 하염없는 눈물입니다.

눈물이 있음으로 인생은 다시 하나님께로 향합니다.

○ 하루 한 문장 읽기

눈물이 있음으로 인생은 다시 하나님께 갑니다.

○ 하루 한 문장 쓰기

주제: 눈물(2)

○

81
잃어버린 물건을 찾습니다

사망아 너의 승리가 어디 있느냐 사망아 네가 쏘는 것이
어디 있느냐

- 고린도전서 15:55

    잃어버린 물건을 찾습니까? 혹시 가치에 따라 찾기도 하고 포기하기도 하지 않습니까?

    상실에 대한 두려움으로 움켜잡고 놓지 못하는 것이 있지 않나요? 잊혀질까 무서워 떨지 않습니까? 헤어짐이 이토록 가슴 시리다는 것을 느끼고 있습니까? 지금까지 쌓아 놓은 것이 기억만으로 남는다면 어떻게 될까요?

    무엇이 우리를 두렵게 합니까? 죽음이며, 사망입니다.

죽음은 아무도 피할 수 없는 막다른 골목입니다. 그러나 정말 죽음이 무서운 것은 죽음 뒤에 있는 심판입니다. 하나님의 자비가 엄중함으로 다가오는 시간입니다.

인생은 생명과 죽음 사이에 있습니다. 다른 이만 억울하게 죽는 것이 아닙니다. 나도 죽습니다. 아니, 죽어가고 있습니다. 생명과 죽음이 코 끝에서 치열하게 싸웁니다. 사망이 눈앞을 가렸다가 사라집니다. 공포가 심장을 쥐어짭니다.

살아간다는 것이 얼마나 행복한지 죽음 앞에서 뼈저리게 느낍니다. 사랑하고 있음이 얼마나 소중한지 이별을 통보하는 수화기 앞에서 멈칫합니다. 결코 잃어버리지도, 잊히지도 않는 불멸의 삶은 없습니다. 언젠가 사망의 좁은 문에서 생명의 빛은 소멸합니다.

바울은 사망의 쏘임에 당당합니다. 죽지 않기 때문이 아니라 죽음을 영생으로 받아들이기 때문입니다. 죽음을 통해 인생은 다시 삽니다. 하루의 삶이 무겁습니다. 하는 일들이 어렵습니다. 사랑이 두렵습니다. 그럼에도 오늘을 살아내는 우리가 자랑스럽습니다.

살아야 삽니다. 살아가야 할 의무가 있습니다. 사명이 다하기까지 우리는 생명으로 삽니다.

천년만년 사는 것이 목적이 아닙니다. 하루를 살아도 불꽃

같이 사랑하고 치열하게 꿈을 꾸고 흔들리지 않게 믿음으로 살아야 합니다. 미리 두려워 포기하면 안 됩니다. 괜찮습니다. 지금의 우리의 삶도 나쁘지 않습니다.

○ **하루 한 문장 읽기**

죽음을 통해 인생은 다시 삽니다.

○ **하루 한 문장 쓰기**

주제: 죽음

○

82
고통스러운 언약

아브라함이 눈을 들어 살펴본즉 한 숫양이 뒤에 있는데 뿔
이 수풀에 걸려 있는지라 아브라함이 가서 그 숫양을 가져
다가 아들을 대신하여 번제를 드렸더라

- 창세기 22:13

하나님은 더 좋은 것을 예비하시는 분입니다.

한 걸음만 더 가면 알게 됩니다. 믿음이란 더 가보는 것입
니다. 고통의 시간이 지나면 좋은 일이 일어난다는 말이 아닙
니다. 고통의 시간에도 일하시는 하나님을 만나야 합니다.

시험은 미래를 확인하는 것입니다. 한 치 앞도 보이지 않을
때 고통을 묵묵히 견디는 것입니다.

끝까지 하나님을 신뢰하는 자가 숫양을 만납니다. 하나님께서

일러 준 곳까지 가야 언약을 받습니다.

'언젠간 좋아지겠지, 시간이 약이야' 하면서 무심히 사는 것이 아닙니다. 치열하게 살면서 시험 중에 하나님을 신뢰해야 합니다.

시간이 해결해 주는 것도 있습니다. 그러나 시험은 시간을 이겨야 합니다. 무너져내리는 아픔을 견뎌야 합니다. 하나님이 준비한 것이 인생의 기대와 다를 수 있습니다. 시험을 통과하고 받는 것이 더 어려운 고난일 수 있습니다. 1초 앞도 모르는 것이 인생입니다. 살아가는 시간이 얼마나 소중한지를 배워야 합니다. 시험이란 시간을 사랑해야 합니다.

눈을 들어야 합니다. 시험에 묶여 있으면 안 됩니다. 시험만 보면 숫양이 보이지 않습니다. 시험만 보면 언약을 받지 못합니다.

시험 중에 고통이 찾아 올때마다 숫양을 기억합시다. 이삭을 대신할 숫양이 인생 앞에 있습니다. 하나님은 참 꼼꼼한 분이십니다.

하나님은 인생이 가지고 있는 것보다 더 좋은 것을 주십니다. 세상이 주는 풍요의 삶보다 하나님께서 주시는 충만한 인생으로 살아야 합니다.

시험은 생각보다 길지만 마음보단 짧습니다. 시험 중에 마음을 붙잡아야 합니다. 마음의 정원은 시험으로 더 아름다워집니다.

인생의 숫양을 만나십시오. 예기치 않은 하나님의 은혜로 희락을 맛보십시오.

○ 하루 한 문장 읽기

끝까지 하나님을 신뢰하는 자가 숫양을 만납니다

○ 하루 한 문장 쓰기

주제: 시험

○

83
무너져야 세울 수 있다

예수께서 이르시되 네가 이 큰 건물들을 보느냐 돌 하나도
돌 위에 남지 않고 다 무너지리라 하시니라

- 마가복음 13:2

　　인생의 건물들이 있습니다. 이 곳이면 안전하겠지라는 생각
이 드는 곳이 있습니다. 생각만해도 안심이 되는 건물이 있습니
다. 인생은 큰 건물 뒤에 숨어 있기를 바랍니다. 한심한 일입니
다. 눈에 보이는 게 전부가 아닙니다. 크다고 좋은 것이 아닙니
다. 건물 뒤에 숨을 공간이 없습니다. 인생에게 안전한 곳은 건
물이 아닙니다.

　　정신을 똑바로 차려야 합니다. 믿었던 곳에서 사고가 터집

니다. 숨었던 자리에서 위기가 찾아옵니다. 건물은 죽었습니다. 건물은 움직이지 못합니다. 허세에 속으면 안 됩니다. 큰 것에 눈이 가리어지면 안 됩니다. 하나에서 시작해야 하고, 작은 것에 충성해야 합니다. 처음부터 큰 것은 없습니다.

건물을 자랑하면 건물과 함께 무너집니다. 건물에 의지하면 생명이 보이지 않습니다. 건물에서 나와야 합니다. 건물에서 떠나야 합니다. 마음속에 쌓아 놓은 건물이 있습니다. 신앙 안에 쌓아 놓은 건물이 있습니다. 무너뜨려야 합니다. 무너져야 합니다. 껍데기만 단단한 건물을 버려야 합니다.

인생은 머릿돌만 있어도 충분합니다. 믿음은 기초석만 있어도 단단합니다. 큰 건물에 주눅들어 부러워하면 안 됩니다. 건물에서는 능력이 나가지 못합니다. 건물 때문에 인생을 속이면 안 됩니다. 건물 때문에 인생을 무시하면 안 됩니다. 건물 때문에 인생과 멀어지면 안 됩니다. 건물은 또 다시 지으면 됩니다.

인생의 성전은 예수여야 합니다. 신앙의 중심은 예수입니다. 인생의 주인은 예수입니다. 건물이 좌우하는 삶을 살면 큰일입니다. 아무리 힘들어도 오직 예수만 바라봐야 합니다. 인생이 건물을 쌓으면 예수가 무너뜨립니다. 돌 하나도 돌 위에 남지 않아야 새로 시작할 수 있습니다.

아무것도 없어야 새로운 것이 찾아옵니다. 다시 시작하는 힘은 무너짐에 있습니다. 철저하게 무너져야 합니다. 아무것도 없이 깨끗하게 치워야 합니다. 건물로 시작하는 것이 아니라 예수로 시작해야 합니다. 예수만이 인생을 다시 세울 수 있습니다.

건물이 인생을 책임지는 것이 아니라 예수만이 인생을 책임지십니다.

○ **하루 한 문장 읽기**

인생의 성전은 예수여야 합니다.

○ **하루 한 문장 쓰기**

주제: 나의 건물

○

84
밀물과 썰물의 때

~~~~~~~~~~

찾을 때가 있고 잃을 때가 있으며 지킬 때가 있고 버릴 때
가 있으며

- 전도서 3:6

~~~~~~~~~~

인생에는 밀물과 썰물이 있습니다. 가만히 있어도 잘 될 때
가 있지만, 아무리 애를 써도 힘들 때가 있습니다. 밀물의 때에
는 착각에서 벗어나야 합니다. 거만해지려는 성정과 싸워야 합
니다. 썰물의 때에는 오해에서 헤어 나와야 합니다. 침잠해지는
어리석음과 분투해야 합니다.

인생에는 반드시 밀물이 찾아옵니다. 낙심하고 절망에 묶여
있을 필요가 없습니다. 날마다 희망을 노래하며 준비해야 하는

이유입니다. 한꺼번에 밀려들기 시작합니다. 감당할 수 있는 마음의 그릇을 준비해야 합니다. 밀물을 받을 수 있는 성품의 창고가 필요합니다.

매일의 일상이 중요한 이유는 밀물의 때가 찾아오기 때문입니다. 허튼 하루가 없습니다. 시간을 때우는 인생은 밀물이 찾아와도 얻는 것이 없습니다. 유행을 따라하고 다른 사람들 흉내를 내는 인생에겐 밀물이 찾아와도 알아보지 못합니다. 독특한 삶을 사는 것은 어렵다해도 내가 할 수 있는 것이 있어야 합니다. 찾아보고 익혀보면서 내 것으로 만들어야 합니다.

인생에는 썰물이 찾아옵니다. 온갖 수고와 노력에도 손에 잡히는 것이 없습니다. 있던 것도 빼앗기고 찾았던 것도 잃어버립니다. 썰물의 때에는 심지를 견고히 하는 인내가 필요합니다. 마음의 결기를 놓치면 안 됩니다. 마음이 무너지면 인생도 무너집니다.

썰물의 때에는 너무 많은 것을 하려는 의욕을 달래야 합니다. 한꺼번에 모든 것을 회복할 수 없습니다. 이것 저것 헤매다가 시간만 낭비할 수 있습니다. 조급한 마음에서 벗어나서 마음의 상태를 점검해야 합니다. 어디에서 무너졌는지 알아야 합니다.

썰물이 찾아오면 기본으로 돌아가야 합니다. 삶의 기본 자세부터 다시 시작해야 합니다. 얼마나 정직한지, 얼마나 성실한지, 얼마나 진실한지, 하나씩 풀어가야 합니다. 너무 멀리 온 인생을 돌이켜야 합니다. 인생의 썰물은 하나님께서 인생을 만지고 있는 시간입니다. 하나님과 가까이 있을 기회입니다.

밀물의 때보다 썰물의 때가 기회입니다. 찾았던 것을 잃어버려도 슬퍼하지 말아야 합니다. 진짜를 찾는 것이 더 중요합니다. 지킬 것을 버릴 때도 아파하지 말아야 합니다. 진리를 지키는 것이 더 소중합니다.

밀물의 때에 하나님의 손길을 느끼는 인생이 되십시오. 썰물의 때에 하나님의 마음을 느끼는 인생이 되십시오.

○ 하루 한 문장 읽기

인생의 썰물은 하나님께서 인생을 만지고 있는 시간입니다.

○ 하루 한 문장 쓰기

주제: 인생의 밀물과 썰물

○

85
수렁에서 만난 하나님

나를 기가 막힌 웅덩이와 수렁에서 끌어올리시고 내 발을
반석 위에 두사 내 걸음을 견고히 하셨도다

- 시편 40:2

웅덩이에서 하늘을 봐야 합니다. 늘 흔한 하늘만 바라봐서는 하나님을 깊이 만날 수 없습니다. 사방이 막힌 웅덩이에서 하나님의 하늘을 바라봐야 합니다.

인생은 웅덩이를 통과하는 과정입니다. 사역을 시작하고 꿈을 가꾸고 사랑을 하는 사람이라면 기가 막힌 웅덩이를 만납니다. 그곳에서 살려달라고 피눈물을 흘립니다.

웅덩이에 들어간 인생은 압니다. 얼마나 고통스럽고 얼마나

하나님 편으로 넘어져라

외롭고 얼마나 기다려야 하는지를 몸으로 익힙니다. 웅덩이가 깊을 수록 심연의 깊이도 깊어 갑니다.

좁은 하늘에서 하나님의 마음을 봐야 합니다. 인생의 힘으로는 빠져나올 수 없는 웅덩이에서 인생을 기필코 끌어올리시는 하나님의 은혜를 붙잡아야 합니다.

웅덩이를 벗어나면 수렁이 기다리고 있습니다. 애쓰면 애쓸수록 빠져들어가는 수렁에서 힘을 빼는 훈련을 받습니다. 인생의 노력이 아닌 하나님의 은혜로 살아감을 배웁니다.

인생은 공로가 아닙니다. 사역은 수고가 아닙니다. 사랑은 노력이 아닙니다. 모든 아픔은 은혜에서 흘러나옵니다. 가슴이 시리고 인생이 아파하면서 하나님께 한 걸음 더 다가섭니다.

수렁에서 인생의 바닥을 경험합니다. 어디까지 내려갈 수 있는지를 배웁니다. 한참을 내려가도 더 내려가야 하는 참담함을 경험합니다. 바닥에서 믿음과 만납니다.

믿음은 높은 곳에 있는 것이 아니라 바닥에 있습니다. 모든 것이 수포로 돌아갈 때 믿음이 보입니다. 인생의 계획이 무산될 때 믿음이 드러납니다.

요셉이 사랑하고 믿었던 형제에게 버림받은 눈물의 웅덩이가 있습니까? 요셉을 성장시킨 것은 기가 막힌 웅덩이입니다. 다윗의 수렁이 있습니까? 유혹 앞에 무릎 꿇고 비겁하게 거짓을 살았던 그 수렁. 다윗을 성숙시킨 것은 기가 막힌 수렁입니다. 인생의 웅덩이가 있다고 슬퍼하지 마세요. 깊은 웅덩이 안이 하나님 앞입니다. 그곳에서 실컷 웁시다. 하나님께 살려달라고 간절히 기도합시다.

수렁이 있다고 너무 아파하지 맙시다. 깊은 수렁 안이 하나님 안입니다. 그곳에서 인생의 사명을 점검합시다. 하나님께서 부르신 소명을 확신해야 합니다.

웅덩이의 크기가 기도의 크기입니다. 수렁의 깊이가 사명의 깊이입니다.

○ **하루 한 문장 읽기**

인생의 노력이 아닌 하나님의 은혜로 살아감을 배웁니다.

○ **하루 한 문장 쓰기**

주제: 인생의 수렁

하나님 편으로 넘어져라

○

86
깨어 있어라

여호와께서 집을 세우지 아니하시면 세우는 자의 수고가
헛되며 여호와께서 성을 지키지 아니하시면 파수꾼의 깨어
있음이 헛되도다

- 시편 127:1

세상은 우리를 잠들게 합니다. 깨어 있는 것이 고통이라고
속삭입니다. 무엇을 지켜야 할지 아무도 모릅니다.

잠에서 깨어나는 것이 두렵습니다. 항상 인생은 이대로가
좋다고 여기며 새벽이 오는 것을 싫어합니다. 세상이 변하듯 인
생 또한 한 방의 변신을 고대하고 있습니다. 내면의 깊이가 달
라져야 하는데 외모의 모양에만 신경을 쓰고 있습니다.

인생은 스스로 깨어 있을 수 없습니다. 지키고자 하는건 그

저 헛된 욕망뿐입니다. 잠들어 있는지도 모르고 깨어 있음이 어떤 의미인지도 모릅니다.

마음의 눈을 뜨고 세상을 바라보지 못합니다. 세상이 주는 눈으로 무심하게 바라봅니다. 보여 주는 것만 보고 듣고 싶은 것만 듣습니다. 마음의 집도 세우지 못하면서 세상의 집을 세우려고 달려듭니다. 마음의 성을 어떻게 세우는지도 모르면서 인생의 성만 쌓고 있습니다.

지금까지 지키고 있는 것이 무엇인지 모릅니다. 앞으로 무엇을 지켜야 하는지 고민도 없습니다. 세상이 주는 말초적인 자극에만 반응합니다. 잠들어 있을 때는 시간이 빨리 갑니다. 달콤한 꿈에 취해 살아갑니다. 꿈꾸는 일과 꿈을 이루는 일을 혼동합니다.

꿈을 위해 대가를 지불하지 않습니다. 다른 사람들의 꿈을 부러워하며 거짓 꿈에 자신을 속입니다. 자신의 꿈에 치열함도 없고 간절함도 없습니다.

인생을 알아가는 수고를 배우지 않습니다. 깨어 있음을 훈련하지 못합니다. 알아주기만을 기대하고 누군가 깨어 있기를 고대할 뿐입니다.

시인은 인생을 지키시는 분은 하나님이라고 합니다. 집을 세우고 성을 지키는 이는 내가 아니라 하나님이십니다.

나는 집을 세우는 사람인가? 나는 무슨 성을 쌓고 있는가? 나는 어떤 수고의 땀을 흘리고 있는가? 자문해봅시다.

내가 아는 것과 내가 하는 것은 다른 차원입니다. 지금 하고 있는 그 일이 내가 알고 있는 것입니다.

○ 하루 한 문장 읽기

집을 세우고 성을 지키는 이는 내가 아니라 하나님이십니다.

○ 하루 한 문장 쓰기

주제: 깨어 있음

말씀의 온기

○

87
두려운 슬픔

내가 이르되 슬프도소이다 주 여호와여 보소서 나는 아이
라 말할 줄을 알지 못하나이다

- 예레미야 1:6

하나님을 만나는 것이 마냥 즐거운 일은 아닙니다. 하나님
을 만나기 위해 모든 준비를 해야 합니다. 하나님의 임재를 사
모해야 합니다. 그럼에도 하나님과의 만남은 두렵고 떨리는 일
입니다.

예레미야는 하나님의 만남을 슬픔으로 표현합니다. 하나님
께서 주신 사명이 기쁨이면서 슬픔이 됩니다. 두려운 영광이면
서 동시에 거룩한 부담입니다.

하나님 편으로 넘어져라

인생이 지금까지 모아 둔 명성은 아무것도 아닙니다. 배우고 익힌 지식이 몽학선생이 됩니다. 하나님 한 분으로 충분할 때까지 하나님은 기다리십니다. 사명은 빈 마음에 받아야 합니다. 어리아이같은 심정으로 시작해야 합니다.

세상이 악하고 더러울수록 하나님의 사람이 그립습니다. 자신을 슬퍼할 줄 알고 스스로를 아이라 고백하는 사람을 만나고 싶습니다. 우상과 탐욕에 정신이 빼앗긴 인생들에게 엄중한 죽비가 되는 인생이 되어야 합니다.

말이 많고, 말을 잘하고, 말이 가벼운 시대에 말할 줄 모른다고 시인하는 예레미야가 되어야 합니다. 매일 똑같은 오류를 범하면서도 시정되지 않는 기도를 멈춰야 합니다.

인생의 슬픔은 하나님을 만나지 못함이 아닙니다. 오히려 하나님을 만난 후 기꺼이 슬퍼할 수 있는 기쁨이 있을 뿐입니다. 나의 생각과 뜻을 내려놓고 하나님의 말씀에 온전히 순종해야 하기 때문입니다.

인생은 순종을 말하면서 순종을 너무 모릅니다. 하나님의 임재만을 좋아할 뿐 정작 하나님의 말씀에 순종하지 않습니다. 오히려 하나님의 사명을 불편해 합니다. 사명은 사람들이 세상을 불편하게 느끼도록 합니다.

하나님을 만난 슬픔을 가지고 있는 사람은 복됩니다. 자신을 아이라 말할 수 있는 사람이 용감한 자입니다. 하나님을 만나면 모든 것이 잘되는 것이 아니라 모든 것이 불편합니다.

하나님께서 인생을 만나실 때는 분명한 목적이 있습니다. 마음과 생각을 지키시는 하나님께서 영혼을 흔드십니다. 인생의 밑바닥까지 내려가게 만드십니다. 뜨거운 맛을 보게 하십니다.

그래도… 하나님을 만나기 원하십니까?

○ **하루 한 문장 읽기**

하나님을 만난 슬픔을 가지고 있는 사람은 복됩니다.

○ **하루 한 문장 쓰기**

주제: 하나님과의 만남

하나님 편으로 넘어져라

○

88
가난은 복이 아니다

너희 가난한 자는 복이 있나니 하나님의 나라가 너희 것임
이요

- 누가복음 6:20

　　부족함을 좋아하는 인생은 없습니다. 연약함을 자랑하는 사
람도 없습니다. 모자람 때문에 웃는 삶도 없습니다. 인생은 더
부요해지고 더 강해지고 더 많아지기를 원합니다.
　　부족함에 은혜가 있습니다. 무엇이 부족한지 아는 인생이 복
됩니다. 부족함으로 인해 열망이 생깁니다. 간절함은 부족함의
선물입니다. 부족함은 부끄러움이 아니라 부요함으로의 인도입
니다.

연약함이 축복입니다. 어떤 연약함으로 사는지 깨달아야 삶의 목적을 찾을 수 있습니다. 연약함은 우리를 강건함으로 가게 하고 또한 충만함으로 이끕니다.

모자람이 형통입니다. 모자라기 때문에 미리 준비할 수 있습니다. 모자람을 통해 채움의 비밀을 배웁니다. 모자람의 시간 속에서 주님의 손길을 경험합니다. 모자람이 주님을 의지하게 만듭니다.

가난은 복이 아닙니다. 가난은 아픔이요 눈물이며 한숨입니다. 가난이 가난을 낳고 가난으로 이 땅에서 충분히 고통을 받으며 삽니다. 그럼에도 예수는 가난한 자가 복이 있다고 말합니다. 부족하고 연약하고 모자라는 것이 복이라고 말씀하십니다. 가난을 통해 인생은 비로소 하늘을 보게 됩니다.

가난은 기회를 만나지 못하게 합니다. 지긋지긋한 가난이 가슴을 멍들게 합니다. 가난의 대물림으로 인생은 온 밤을 신음합니다. 하지만 가난이 패배를 뜻하는 것은 아닙니다. 아직 끝나지 않았습니다.

가난함을 인정하고 예수께 나가야 합니다. 마음이 가난하고 삶이 가난하고 믿음이 가난함을 인정해야 합니다. 가난한 인생에 예수를 주님으로 모셔야 합니다. 가난하기 때문에 예수를 모실 자리가 많습니다.

하나님 편으로 넘어져라

사역의 가난으로 역경을 만났다면 누가 사역의 주인인지 점검해야 합니다. 누구의 영광을 위해 애쓰고 있는지 솔직해야 합니다. 사역의 포장지를 벗겨야 합니다. 가난한 자의 복은 하나님의 나라에 있습니다. 하나님의 백성으로 사는 자유가 주어집니다. 하나님을 모시고 사는 은혜가 부어집니다. 하나님과 함께 먹고 마시고 함께하는 동행이 시작됩니다.

이 땅에서 가난으로 눈물 흘리는 인생을 외면하면 안 됩니다. 하나님께서 먼저 우리를 부르신 분명한 목적이 있습니다. 지금 함께 울고 함께 웃으며 함께 가는 것입니다.

○ **하루 한 문장 읽기**

부족함에 은혜가 있습니다.

○ **하루 한 문장 쓰기**

주제: 부족함

○

89
문제의 무게

너를 낮추시고 너를 시험하사 네 마음이 어떠한지 그 명령
을 지키는지 지키지 않는지 알려 하심이라

- 신명기 8:2

문제가 끝날 때 방심하면 안 됩니다. 안도의 숨을 쉬기 전에
자신을 돌아봐야 합니다. 문제를 복기하는 능력을 훈련해야 합
니다. 문제 안에 담긴 지혜를 배우지 못하면 문제는 끝난 것이
결코 아닙니다. 문제가 지나가기만을 기다리는 마음에는 오류
가 가득합니다. 작은 문제에도 벌벌 떨게 됩니다.

문제는 인생을 다듬는 도구입니다. 문제는 마음을 단련하는
기술입니다. 문제는 절대로 저주가 아닙니다. 문제를 축복으로

수용하는 지혜가 필요합니다.

문제가 클수록 하나님의 마음에 더 가까이 갈 수 있습니다. 문제가 깊을수록 인생의 마음은 하나님을 향합니다. 인생을 낮추시는 하나님의 섭리를 만납니다. 문제는 어려운 시험이지만, 문제를 통해 하나님 앞으로 가게 만듭니다. 감당할 수 없는 문제의 무게 앞에서 하나님을 원망하다가 하나님을 만나게 됩니다. 힘들고 지쳐도 하나님 앞에서 떠나지 말아야 합니다.

문제는 순종의 문제입니다. 불순종하는 인생의 진짜 문제를 보게 합니다. 문제를 통해 하나님께 순종하는 원리를 배워야 합니다. 세상에 굴복하는 것이 아니라 하나님께 순복해야 합니다.

문제는 사람에게서 자립하게 만듭니다. 지나치게 집착하는 세상과 결별하게 만듭니다. 광야에서 문제를 만날 때마다 이별과 만남을 준비해야 합니다. 문제는 하나님께서 나를 부르시는 신호입니다.

문제를 헤쳐나가는 힘을 하나님께 받아야 합니다. 인생은 스스로 문제를 풀 수도 없고 답을 찾을 수 없습니다. 문제의 해답을 가지고 계신 하나님께 나가야 합니다. 하나님은 문제를 만난 인생의 마음을 보십니다. 광야의 여정에서 어떤 마음으로 건너고 있는지 보십니다. 풀 수 없고 이해할 수 없는 문제 앞에서 어떻게 반응하는지 알고 싶어 하십니다.

문제는 언제나 어려운 숙제입니다. 고난의 행군을 끝내고 광야를 빨리 건너고 싶습니다. 그래서 한 걸음이 중요하고 한 마음이 소중합니다. 하루가 쌓여 사십 년이 되고 인생이 됩니다. 문제를 통과하고 있는 모든 인생을 위해 기도합니다. 절대 고독의 외로운 그 길에서 주님의 십자가를 기억하며 주님과 함께 묵묵히 걸어가길 기도합니다.

○ 하루 한 문장 읽기

문제가 클수록 하나님의 마음에 더 가까이 갈 수 있습니다.

○ 하루 한 문장 쓰기

주제: 인생의 문제

하나님 편으로 넘어져라

○

90
기억 앞에서

네 하나님 여호와께서 이 사십 년 동안에 네게 광야 길을
걷게 하신 것을 기억하라

문제에 들어설 때마다 하나님을 기억해야 합니다. 무엇을
기억하는가에 따라 어떤 것을 붙잡는지 알게 됩니다. 본능적으
로 살지 말고 하나님의 말씀으로 살아야 합니다.

하나님께 나아가는 것을 방해하는 것들이 있습니다. 하나님
보다 더 사랑하는 것들이 있습니다. 단호히 헤어져야 합니다.
광야의 길에서 헤어짐의 훈련을 단단히 받아야 합니다.

하나님이 임하시면 인생은 아픕니다. 말씀으로 영적으로 아

픈 시간이 있어야 합니다. 죄와 허물로 가득한 인생을 돌아볼 수 있어야 합니다. 용서하시는 하나님을 기억해야 합니다. 기억하는 것은 어렵습니다. 기억해야 할 것들은 기억하지 못하고 기억하지 않아도 되는 것들만 기억합니다. 기억하기 위해서는 기도해야 합니다. 하나님의 은혜를 깊이 생각하는 기도가 필요합니다.

문제를 풀기 위해 기억하는 것이 아닙니다. 문제 안에 담긴 하나님의 뜻을 발견하기 위해 기억해야 합니다. 문제는 항상 있습니다. 지금 만나는 문제 속에서 하나님의 마음을 발견하지 못하면 문제를 만날 때마다 힘들 것입니다.

문제 안에 해답이 있습니다. 광야의 여정에서 하나님의 인도를 기억할 때 가나안이 보입니다. 그러나 인생의 목표는 가나안이 아닙니다. 가나안보다 더 중요한 분이 하나님이십니다.

믿음은 경험이고 증거이며 기억입니다. 하나님이 무엇으로 기뻐하시는지 기억해야 합니다. 절망의 구렁텅이에서 건져 올리신 하나님의 손을 기억해야 합니다. 작은 신음에도 응답하시는 하나님의 눈을 기억해야 합니다.

죽음을 기억하며 사는 사람이 복됩니다. 종말론적인 삶이야말로 하나님을 기억하는 통로이기 때문입니다. 우리는 어떠한 죽음보다 십자가의 죽음을 기억해야 합니다.

하나님 편으로 넘어져라

인생이 붙잡아야 할 최고의 죽음은 십자가 위에서 죽은 예수의 죽음입니다. 극심한 고통과 처절한 배신과 지독한 외로움과 차가운 버림의 십자가를 반드시 기억하며 살아야 합니다. 십자가를 기억하는 사람이 십자가를 붙잡을 수 있습니다. 십자가를 붙잡은 사람을 예수가 붙잡아 주십니다. 죽음을 붙잡아야 살 수 있고, 희생을 기억해야 충성할 수 있고, 사랑을 기억해야 만남을 이룰 수 있습니다.

나는 무엇을 기억하는 인생입니까?

○ 하루 한 문장 읽기
믿음은 경험이고 기억이며 증거입니다.

○ 하루 한 문장 쓰기
주제: 기억해야 할 것

○

91
하나님 편으로 넘어져라

어떤 견고한 진도 무너뜨리는 하나님의 능력이라

- 고린도후서 10:4

한계에 다다를 때마다 인생의 무기력함을 절실히 느낍니다. 아무리 노력해도 무너뜨릴 수 없는 견고한 진들이 많습니다. 외부에 있는 견고한 진도 문제지만 내면에 뿌리박힌 진들이 더 견고합니다. '어쩔 수 없었다.'라는 변명으로 회피하고 있습니다. '소용 없었다.'라는 핑계로 외면하고 있습니다. 견고한 진들이 두렵고 무섭습니다. 인생의 힘으로는 무너뜨릴 수 없습니다.

나를 묶고 있는 견고한 진은 무엇입니까? 결코 무너질 수 없는 진은 어떤 것입니까? 인생을 실망시키는 어려운 것들이 의외로 내 안에 있음을 실감합니다. 어쩌면 견고한 진들은 인생이 쌓은 것인지 모릅니다. 자기도 모르는 사이에 스스로를 가둡니다. 하나님의 음성이 아니라 진들의 소리가 들립니다. '여리고는 무너지지 않는다'라고.

사역에도 견고한 진이 있고, 사랑에도, 꿈을 꾸는 동안에도 견고한 진들이 있습니다. 견고한 진들이 있기에 한없이 약한 인생의 모습을 볼 수 있습니다. 견고한 진들이 있기에 하나님께 나아갈 수 있습니다.

믿음이란 매일 견고한 진들을 무너뜨리는 것입니다. 내가 쌓아올린 공로의 진들, 자랑의 진들, 방식의 진들을 무너뜨려야 합니다. 무너지는 고통 없이 믿음이 성장하지 못합니다. 하나님만이 견고한 진들을 무너뜨릴 수 있습니다. 견고한 진들이 어디에서 왔는지, 견고한 진들이 무엇으로 만들어졌는지 하나님은 알고 계십니다.

견고한 진을 탓하기 전에 견고한 진 앞에 있는 나의 모습을 돌아봐야 합니다. 견고한 진을 원망하기 전에, 견고한 진을 만날 때마다 나의 무기는 무엇인지 알아야 합니다.

육신의 진에 속으면 안 됩니다. 세상의 진 앞에서 도망가면 안 됩니다. 상처받고 피투성이가 되어도 견고한 진을 향해 달려가는 믿음이 있어야 합니다. 두려움이 밀려올 때마다 감사합시다. 믿음이 자랄 수 있는 절호의 기회입니다. 견고한 진과 싸울 때마다 기뻐하십시오. 살아계신 하나님을 만나는 시간입니다.

견고한 진은 세상이 만들기도 하지만 인생이 만드는 것이 더 많습니다. 스스로 자고하지 말아야 합니다. 스스로 무너지지도 말아야 합니다. 넘어지더라도 하나님 편으로 넘어져야 합니다.

한번 정한 인생길 하나님과 함께 정진합시다. 어떤 결과를 얻더라도 당당하게 살아갑시다. 인생의 어깨를 펴십시오.

○ 하루 한 문장 읽기

믿음이란 매일 견고한 진을 무너뜨리는 것입니다.

○ 하루 한 문장 쓰기

주제: 견고한 진

하나님 편으로 넘어져라

○

92
자유의 결핍

너희는 자유가 있으나 그 자유로 악을 가리는 데 쓰지 말고
오직 하나님의 종과 같이 하라

- 베드로전서 2:16

믿음이란 자유 안에 종된 모습으로 사는 것입니다. 내 인생의 주인을 바꾸는 것입니다. 나를 위해 자유를 사용하지 않고 하나님이 주신 자유를 다시 하나님께 드려야 합니다.

소망이란 마음껏 꿈을 꾸는 것이 아니라 하나님의 꿈을 꾸는 것입니다. 내 꿈을 이루는 것이 아니라 나를 묶어 하나님의 꿈을 이뤄드리는 것입니다.

사랑이란 내 마음에 맞는 사람을 찾는 것이 아니라 하나님의

사람을 찾는 것입니다. 나를 위해 사랑해 줄 사람이 아니라 함께 하나님의 사랑을 세상에 흘려보내는 사랑을 하나님께 구해야 합니다.

자유란 나의 것이 아닙니다. 오직 하나님께로부터 자유가 나옵니다. 자유는 내가 사용하는 것이 아니라 자유가 나를 사용하도록 만드는 것입니다. 다시 복음 앞에 서는 것, 다시 말씀 안에 사는 것, 다시 십자가를 지는 것이 자유입니다.

자유를 통해 인생은 하나님의 종으로서 사는 것임을 깨닫게 됩니다. 새롭게 시작하는 모든 것들이 하나님의 경륜에서 시작함을 알게 됩니다. 생의 한 가운데서 사랑하고 꿈을 꾸고 배우는 자유를 알게 됩니다.

자유는 하나님의 종으로 사는 모습입니다. 기꺼이 하나님 앞에 나아가는 모습입니다. 사람 앞에서가 아니라 하나님 앞에서 하나님을 의식하며 사는 모습입니다. 세상이 주는 달콤함을 내려놓고 예수처럼 하나님이 주신 쓴잔을 마시는 자유의 모습입니다.

자유는 인생의 밀물과 썰물입니다. 고요한 인생의 심연에서 하나님의 은혜가 자유를 통해 들어옵니다. 하나님과의 교감이 자유를 통해 이뤄집니다.

자유 없는 인생을 상상할 수 없습니다. 자유롭게 생각하고 자유롭게 움직일 수 있는 자유는 인생의 특권입니다. 그 자유를 하나님께 맡기는 것이 믿음입니다. 그 자유를 하나님의 뜻에 맞추는 것이 소망입니다. 그 자유로 하나님 마음으로 나가는 것이 사랑입니다.

하나님 주신 최고의 선물은 자유입니다. 자유인으로 인생을 자유롭게 살면서 나를 위한 삶이 아니라 하나님의 경륜을 위해 종의 모습으로 사는 것이 복된 인생입니다. 사명이란 하나님 나라의 자유를 종의 모습으로 보여주는 삶입니다.

○ **하루 한 문장 읽기**

자유는 하나님의 종으로 사는 모습입니다.

○ **하루 한 문장 쓰기**

주제: 참 자유

○

93
인생이 복잡한 이유

그가 브니엘을 지날 때에 해가 돋았고 그의 허벅다리로 말
미암아 절었더라

- 창세기 32:31

죽고 못사는 것이 있습니다. 이게 아니면 희망이 없다 여기
는 대상이 있습니다. 하나님은 그것을 치십니다. 인생이 복잡한
이유가 여기에 있습니다. 머리로는 알겠는데 쉽게 포기하지 못
하는 게 있습니다. 남의 눈에는 너무 크게 보이는데 자신만 보
지 못하는 함정이 있습니다.

일상의 소소함에서 유리한 고지를 점령하는 요령을 알고 있
습니다. 상대의 빈틈을 노리고 잽싸게 움직입니다. 묵직한 울림

보다 무모한 도전들이 난무합니다.

야곱은 생각도 행동도 민첩한 사람입니다. 집에서든 삼촌에게서든 원하는 것을 갖고야 맙니다. 자신에게 유리한 쪽으로 움직입니다. 아무도 막을 수 없는 듯한 인생입니다. 하고 싶은 것, 얻고 싶은 것은 기어이 얻어내는 야곱입니다. 누구보다 눈치가 빠르고 몸놀림이 부산합니다.

자신을 만나기 위해 오는 에서보다 조금 더 빨리 대책을 마련해야 했습니다. 그런 야곱에게 하나님은 허벅다리를 절게 하십니다. 아무것도 하지 못하는 순간이 모든 것을 하고 있는 시간임을 깨닫게 하십니다. 늘 하나님보다, 사람보다 앞서가던 야곱이 꼼짝도 못하게 되는 순간 새로운 인생이 시작됩니다.

간단치 않은 문제입니다. 느린 것이 빠른 것이고, 낮은 것이 높은 것이며, 손해보는 것이 이익이 되는 것. 희생이 열매이며, 나눔이 풍성이며, 멈춤이 전진이 되는 것. 이것이 하나님의 법칙입니다. 이해할 수 없는 것이 인생이고 계획대로 진행되지 않는 것이 삶입니다. 절망의 자리에 희망의 꽃이 피고, 아픔의 시간에 치유가 일어나며, 십자가의 죽음이 구원의 생명이 됩니다.

야곱처럼 사는 인생을 탓하기는 어렵습니다. 험한 세상을 살아가려는 처세술입니다. 뒤처지면 죽을 것 같은 본성이 자리 잡고 있습니다. 그럼에도 하나님은 죽고 못사는 그것을 내려놓으

세상도 나의 허벅다리를 절게 합니다. 배신과 음모가 가득한 세상에서 야곱은 늘 불안합니다. 올라갈수록 힘들고 잘 될수록 불안합니다. 에서를 만난기 전에 내 안에 있는 야곱을 만나야 합니다. 그런 다음 재빠르고 영민한 야곱에게 안녕을 고해야 합니다.

하나님이 주시는 은혜로 살아야 합니다. 아낌없이 하나님께 맡길 때 하나님께서 모든 것을 책임져 주십니다. 두 발로 내 마음대로 사는 것보다 다리를 절어도 하나님 뜻대로 사는 것이 복된 인생입니다.

○ 하루 한 문장 읽기

하나님은 죽고 못사는 그것을 내려놓으라고 말씀하십니다.

○ 하루 한 문장 쓰기

주제: 내려놓음

하나님 편으로 넘어져라

○

94
두려운 사랑

사랑 안에 두려움이 없고 온전한 사랑이 두려움을 내쫓나니

- 요한일서 4:18

　　믿음은 현실과 부딪치는 고통의 과정입니다. 부조리한 세상에서 고독한 선택과 결정을 실행해야 합니다. 산산이 부서지고 깨지는 것을 두려워하면 안 됩니다.

　　믿음은 사람들 사이에서 홀로 고난과 투쟁합니다. 치열한 열정도 처절한 몸부림이 될 때까지 견디고 인내해야 합니다. 가장 가까운 사람이 떠나는 아픔을 버텨야 합니다.

　　믿음은 평생 두려움과 싸워야 합니다. 미래에 대한 두려움,

사역에 대한 두려움, 인생에 대한 두려움, 소외에 대한 두려움이 끊임없이 밀려 들어옵니다.

믿음은 사랑이 필요합니다. 온전한 사랑을 통해 믿음은 굳건하게 세워집니다. 믿음으로 정진할 수 있는 힘은 사랑에서 나옵니다. 절망의 거인과 싸우는 믿음의 인내는 사랑에서 나옵니다.

사랑만이 두려움을 물리칩니다. 골리앗을 이긴 것은 또 다른 거인이 아닙니다. 작은 다윗의 물맷돌에 넘어졌습니다. 두려움이 클수록 연약한 사랑이 절실합니다. 온전함은 약함이고 부드러움이기 때문입니다.

믿음은 은혜임을 한시도 잊으면 안 됩니다. 인생이 스스로 단련하여 믿음이 강해지는 것이 아닙니다. 믿음은 하나님께 가까이 더 다가갈 때 강건해지는 것입니다.

믿음은 사랑을 먹고 자랍니다. 온전한 사랑을 받을 때 두려움을 이기는 믿음으로 성장합니다. 사랑의 깊은 우물에서 따뜻함이라는 은혜의 물을 날마다 마셔야 합니다.

온전한 사랑은 오직 예수 안에 있습니다. 예수의 사랑이 사랑에 눈을 뜨게 합니다. 이기적인 사랑에서 벗어나게 만듭니다. 욕구를 채우는 것, 조건에 맞추는 것이 사랑이 아님을 깨닫게 됩니다. 예수의 사랑이 세상의 사랑을 부끄럽게 만듭니다.

예수의 사랑이 인생의 모든 두려움에서 자유를 주십니다. 어둠과 싸우는 믿음에 힘을 주십니다. 결코 물러서지 않는 담대함의 근원이 되어 주십니다. 두려움만 보고 있으면 속고 있는 것입니다. 두려울 때마다 다음을 질문해 보아야 합니다. 온전한 사랑이 무엇인가? 나는 예수의 사랑 안에 거하는 사람인가? 나는 예수의 사랑을 받았는가?

살아가는 동안 두려움과 반복해서 만나게 될 것입니다. 두려움으로부터 도망갈 수 있는 길은 없습니다. 온전한 사랑만이 두려움을 쫓아낼 수 있음을 믿어야 합니다.

○ 하루 한 문장 읽기

예수의 사랑이 인생의 모든 두려움에서 자유를 주십니다.

○ 하루 한 문장 쓰기

주제: 온전한 사랑

○

95
나는 자라고 있는가?

오직 우리 주 곧 예수 그리스도의 은혜와 그를 아는 지식에
서 자라 가라

- 베드로후서 3:18

인생은 스스로 자라지 못합니다. 누군가의 도움으로 거목이
되기도 하고 선한 영향력을 발휘하기도 합니다.

날마다 자라야 합니다. 한 번 자라고 만족하면 안 됩니다.
안주하는 순간 도태됩니다. 조금씩 천천히 자라야 합니다. 하루
의 시간만큼 자라면 훌륭합니다.

자라기 위해서는 많이 듣고 봐야 합니다. 듣지 못하면 배우
지 못합니다. 듣는 귀가 열려야 마음이 열립니다. 작은 소리에

하나님 편으로 넘어져라

도 민감한 귀가 있어야 합니다.

보고 싶은 것만 보면 안 됩니다. 보이는 것만 보는 것도 안 됩니다. 작은 벗들의 눈물을 볼 수 있어야 하고, 큰 자들의 우매함도 볼 수 있어야 합니다. 마음의 눈을 열어 보이지 않는 세계를 봐야 합니다. 보이기 때문에 믿는 것이 아니라 믿음으로 보이지 않는 것을 바라보는 것입니다.

귀가 열리고 눈이 열리고 마음이 열려야 자랍니다. 인생은 성장통을 알아가는 과정입니다. 아프지 않으면 크지 못합니다. 껍데기를 벗어야 새로운 세계로 들어갑니다. 고통이라는 상자 안에 성숙이라는 선물이 있습니다.

예수의 은혜를 아는 것이 참된 앎입니다. 깨닫는 사람이 자라고 있는 사람입니다. 각박한 마음에 은혜가 들어와야 자랍니다. 상대와 비교하지 않고 자신에게 주어진 인생을 열정으로 살게 됩니다. 기꺼이 자리를 내주고 흐뭇한 마음으로 내려갈 수 있는 힘은 은혜에서 나옵니다.

예수를 아는 지식이 중요합니다. 인생의 소중한 의미와 구원은 예수를 아는 지식에 담겨 있습니다. 세상을 모두 알아도 예수를 모르면 아무것도 모르는 것입니다.

예수를 아는 만큼 인생은 자랍니다. 지식에 지식을 쌓는 허망함에 벗어나 예수를 제대로 알기 위해 힘을 써야 합니다. 예수의 마음으로 인생을 바라볼 때, 예수의 눈으로 세상을 감당할 때 성장은 시작됩니다. 오랜 세월 동안 묻어 두었던 인생의 보화가 예수의 은혜와 지식에 담겨 있습니다. 배우고 또 배우고 배워야 합니다.

단단한 세월의 무게를 이기고, 당연한 것들로 가득한 세상에서 살아가면서 선한 영향력을 흘려보내는 것은 오직 예수의 은혜와 지식에 자라는 것뿐입니다. 당신은 자라고 있습니까?

○ 하루 한 문장 읽기
예수의 은혜를 아는 것이 참된 앎입니다.

○ 하루 한 문장 쓰기
주제: 성장

○

96
침묵의 순명

아브라함이 아침에 일찍이 일어나 나귀에 안장을 지우고
두 종과 그의 아들 이삭을 데리고 번제에 쓸 나무를 쪼개어
가지고 떠나 하나님이 자기에게 일어 주신 곳으로 가더니

- 창세기 22:3

새벽은 사명을 찾은 자의 몫입니다. 일찍 일어나야 하는 이
유가 있습니다. 인생의 해답은 새벽에 있습니다. 무엇이 될 것
인가보다 어떻게 살 것인가의 답 말입니다.

내일은 게으른 사람들의 변명입니다. 내일 하는 모든 것들
은 인생에 아무런 영향을 주지 못합니다. 다음으로 미루는 악한
습관을 반드시 고쳐야 합니다.

사명은 거룩한 고통입니다. 하나님께 모든 것을 내려놓는

것은 말처럼 쉽지 않습니다. 가장 소중한 것을 가장 아름답게 드려야 하는 순간이 찾아옵니다.

사명은 억지가 아닙니다. 기쁨이며 감사입니다. 믿음의 연단은 사명과 연관이 있습니다. 내려놓아야 하나님께 받을 수 있습니다.

번제에 쓸 나무를 쪼개는 아브라함의 마음은 사명자의 마음입니다. 이해할 수 없는 그 무언가를 실천하는 길은 고독한 책임입니다. 누구도 박수쳐 주지 않습니다.

아침은 하나님과 대면하기 전에 나와 만나는 시간입니다. 나에게 정직한가? 나에게 진심으로 대하는가? 나를 누구라 정의하는가? 나에게 나를 대답하지 못하면 아침은 가지 않습니다.

믿음은 언약을 받는 순간부터 나를 시험합니다. 내 삶을 흔들고 넘어뜨립니다. 생각하게 만들고 예민하게 반응하게 만듭니다. 심연의 저편에 다림줄이 놓이게 됩니다.

하나님은 말씀 후에 철저히 침묵하십니다. 방법도 수단도 도구도 알려주지 않습니다. 왜 사명을 받았는지, 어떻게 사명을 이뤄가는지, 사명의 목표는 무엇인지 말씀해주지 않습니다.

인생의 고요한 시간이 찾아오면 멈춰야 합니다. 이제 내가 이삭을 바칠 차례가 된 것입니다. 하나님을 사랑할 때 내려놓아야 할 것들이 보여야 합니다. 사명은 항상 그렇게 찾아옵니다.

인생의 아침을 소홀히 하지 말아야 합니다. 하나님의 말씀은 아침처럼 다가옵니다. 사명의 아침에 나무를 쪼개는 사람이 되십시오.

사명은 하나님의 번제단에 올라가는 것입니다.

○ **하루 한 문장 읽기**

인생은 고요한 시간이 찾아오면 멈춰야 합니다.

○ **하루 한 문장 쓰기**

주제: 사명

말씀의 온기

97

완전할 수 없는 완전함

나는 전능한 하나님이라 너는 내 앞에서 행하여 완전하라

- 창세기 17:1

믿음은 생각 속에 갇혀 있으면 안 됩니다. 생각이 물론 중요합니다. 그러나 믿음은 의지의 표상이며 실천하는 인내입니다. 믿음은 결과물이 아니라 과정입니다. 삶의 자리에서 피어나는 향기이며 노래입니다. 사랑을 시작할 때, 꿈을 꾸기 시작할 때 함께하는 것이 믿음입니다.

믿음은 말 속에서 우물거리게 하면 안 됩니다. 말도 중요하지만 믿음이란 언어이고 표현입니다. 온몸으로 말하는 것이 민

하나님 편으로 넘어져라

음이어야 합니다. 믿음은 한순간에 찾아오지만 믿음을 유지하는 것은 평생입니다. 짧은 순간에 믿음은 승부가 나지 않습니다. 긴 여운의 여정에서 씨름하는 것이 믿음입니다.

하나님은 우리의 믿음을 보십니다. 실천하는 믿음, 분노하는 믿음, 항거하는 믿음을 보십니다. 온실 속의 믿음은 허상임을 배워야 합니다. 화초는 믿음이 아닙니다. 인생은 믿음의 눈을 통해 하나님을 바라봅니다. 믿음의 경험을 통해 하나님의 마음을 알게 됩니다. 믿음의 실패를 통해 하나님을 만나게 됩니다.

믿음이 인생의 안전을 보장해주지 않습니다. 믿음은 위험지대로 가게 하는 하나님의 막대기입니다. 믿음의 깊이는 온전함의 완성이며 믿음의 경륜은 완전함의 통로가 됩니다.

하나님은 인생의 행실을 보고 싶어 하십니다. 생각만으로, 말로만 하는 믿음이 아니라 믿음의 책임성, 믿음의 결단력, 믿음의 경주를 보십니다. 하나님께 드릴 수 있는 것이 무엇입니까? 하나님은 무엇을 보시면서 기뻐하실까요? 하나님은 어떤 것을 통해 인생을 인도하십니까? 믿음입니다. 온전한 믿음 말입니다.

믿음은 하나님 앞에 있는 것입니다. 하나님 앞으로 끊임없이 인생을 인도하는 것도 믿음입니다. 믿음은 하나님과 사람을 연결하는 거룩한 끈입니다.

아브라함의 믿음은 하나님 앞에서의 행함입니다. 할례를 통해 드려지는 믿음의 언약입니다. 약속은 말에 있지 않고 행동에 있습니다. 하나님은 언약을 성취하기 위해 행동하시는 분이십니다.

하나님과 함께 보폭을 맞춰가야 합니다. 조급한 마음을 내려놓고 하나님의 숨소리를 들어보아야 합니다. 내가 할 일보다 더 크신 하나님의 언약을 붙잡아야 합니다.

우리 하나님은 전능하신 하나님이십니다!

○ **하루 한 문장 읽기**

하나님과 함께 보폭을 맞춰가야 합니다.

○ **하루 한 문장 쓰기**

주제: 행하는 믿음

○

98
마음의 별

~~~~~~~~~~~~~~~~~~~~~~~~~~~~~~~~

하늘을 우러러 뭇별을 셀 수 있나 보라 그에게 이르시되 네
자손이 이와 같으리라

<div align="right">- 창세기 15:5</div>

~~~~~~~~~~~~~~~~~~~~~~~~~~~~~~~~

　마음에 별이 있습니다. 밤하늘에 놓인 별들만큼 많은 별이
가슴에 담겨 있습니다. 수많은 사연의 별들이 인생을 울리고 웃
게 만듭니다. 인생의 눈을 들어 별을 바라보는 사람은 복된 인
생입니다. 별은 어두워야만 보이는 것은 아닙니다. 별은 인생의
꿈이며 사랑이고 믿음입니다.

　별이 내리는 밤이면 인생은 고요함 속에서 자신과 마주합니
다. 거룩함은 고요함에 잠기고, 잠잠한 인생은 거룩을 추구하며

밤을 보냅니다.

하나님은 인생의 마음에 별을 볼 수 있는 은혜를 주십니다. 절대 고독의 순간에도 별은 머리 위에서 빛납니다. 아브라함의 별은 지금도 빛나고 있습니다. 아브라함의 별은 언약의 말씀입니다. 자손 만대의 복이 별에 담겨 있습니다. 별들을 보면서 하나님을 생각하고 언약을 붙잡습니다.

비록 지금은 홀로 별을 보고 있지만 언젠가 많은 자손들이 이 별을 다시 볼 것이란 믿음으로 서 있습니다. 꿈은 반드시 자랍니다. 별을 보는 사람이 별의 주인입니다.

하나님은 인생의 모양대로 별을 주십니다. 크기와 상관없는 별들이 각자의 성품과 믿음대로 내려옵니다. 은혜는 하늘에서 내려오고 믿음의 창고에 쌓입니다.

밖으로 나가야 합니다. 내 방식, 내 생각, 내 경험의 밖에 별이 있습니다. 탐욕에 끌려다니는 사람은 별을 보지 못합니다. 정욕에 사로잡힌 사람은 별을 찾지 않습니다.

차디찬 추운 광야에서 별은 더욱 빛을 발합니다. 홀로 남은 사막에서 별은 유난히 총총합니다. 광야에 강을 내시고 사막에 길을 만드시는 하나님의 마음이 별에 담겨 있습니다.

하나님은 별을 통해 인생을 꿈꾸게 하십니다. 과거에 묶여 있는 자신을 발견하게 합니다. 미래를 향해 나가지 못하게 만드는 것을 깨닫게 하십니다. 별 하나에 인생의 생명이 달려 있습니다. '별을 노래하는 마음으로 모든 죽어가는 것들을 사랑해야지.' 윤동주의 마음을 닮아갑니다.

별은 인생의 지도요, 좌표입니다. 하나님의 말씀을 따라 꿈을 꾸십시오. 하나님이 주신 별을 따라 사십시오. 하나님께서 주신 나의 길을 걸어가십시오.

오직 내 별만이 내 길을 비춥니다.

○ 하루 한 문장 읽기

하나님의 말씀을 따라 꿈을 꾸십시오.

○ 하루 한 문장 쓰기

주제: 나의 별

○

99
이별 연습

너희 중에 있는 이방 신상들을 버리고 자신을 정결하게 하
고 너희들의 의복을 바꾸어 입으라

- 창세기 35:2

인생은 이별 연습입니다. 하나님으로부터 멀어지게 하는 것
들로부터 떠나야 합니다. 하나님의 마음을 알지 못하게 하는 것
들에게 이별을 고해야 합니다. 나쁜 습관으로부터 이별해야 합
니다. 게으름과 나태에서 벗어나야 합니다. 내일로 미루는 마음
을 이겨내야 합니다. 사랑도 꿈도 지금부터 시작하는 것입니다.

마음을 짓누르는 시기, 미움과 이별해야 합니다. 사랑하지
못하게 방해하는 모든 것들에서 떠나야 합니다. 사람을 사람답

하나님 편으로 넘어져라

게 대하는 훈련을 매일 해야 합니다.

영혼의 교만의 싹을 잘라야 합니다. 교만과 이별하지 못하면 하나님께 가까이 갈 수 없고, 사람들에게 다가갈 수 없습니다. 어리석음의 뿌리는 교만입니다.

야곱의 인생은 이별 연습입니다. 사랑하는 리브가의 품을 떠나야 했습니다. 안정된 장소에서 벗어나야 했습니다. 20년 동안 기거했던 삼촌의 집과 이별합니다. 이제 야곱은 인생의 마지막 이별 연습을 하고 있습니다. 자신과 가족의 손에서 이방 신상을 버리고 의복을 바꾸고 자신을 정결하게 해야 합니다.

이별하지 않으면 참된 것을 만나지 못합니다. 이별하지 않으면 새로운 꿈을 꾸지 못합니다. 이별하지 않으면 하나님을 만나지 못합니다. 버릴수록 아픔은 큽니다. 떠날수록 두려움은 큽니다. 정결할수록 불안은 깊어 갑니다. 뭔가를 바꾼다는 것은 거친 바다와 맞서는 것입니다.

이별에는 고통이 따릅니다. 아쉬움과 회한으로 가득 찹니다. 그럼에도 이별은 인생의 은혜입니다. 이별을 통해 비로소 하나님의 마음을 알게 됩니다.

아브라함, 요셉, 다니엘, 느헤미야, 베드로, 바울도 모두 자신과 이별한 사람들입니다. 아니, 예수의 이별을 생각해봅시다. 하늘 보좌와의 이별을 통해 인류의 구원을 이루셨습니다.

이별을 연습합시다. 시간이 지나면 알게 됩니다. 지금 붙잡고 있는 것들이 얼마나 허무한 것인지를. 인생은 하나님을 만나기까지 끊임없이 세상과 이별해야 합니다.

삶은 육신의 정욕과 안목의 정욕과 이생의 자랑에서 벗어나는 이별 연습입니다.

○ **하루 한 문장 읽기**

이별하지 않으면 참된 것을 만나지 못합니다.

○ **하루 한 문장 쓰기**

주제: 이별할 것

하나님 편으로 넘어져라

말씀의 온기

2021년 6월 28일 초판 발행

지 은 이 | 조기웅
펴 낸 이 | 김수홍
편　　집 | 김설향
디 자 인 | 허지혜
홍　　보 | 강혜은, 김혜경, 유동운

펴 낸 곳 | 도서출판 하영인
등　　록 | 제504-2019-000001호
주　　소 | 포항시 북구 삼흥로 411
전　　화 | 054) 270-1018
홈 페 이 지 | https://blog.naver.com/navhayoungin
인스타그램 | https://www.instagram.com/hayoungin7
이 메 일 | hayoungin814@gmail.com

ISBN 979-11-971556-6-6 (03230)
값 15,000원

※ 낙장·파본은 교환해 드립니다.